Martin Verlinden, Anke Külbel

Väter im Kindergarten

Martin Verlinden,
Anke Külbel

Väter im Kindergarten

Anregungen für die Zusammenarbeit mit Vätern in Tageseinrichtungen für Kinder

Beltz Verlag · Weinheim und Basel

Ihre Wünsche, Kritiken und Fragen richten Sie bitte an:
Verlagsgruppe Beltz, Fachverlag Frühpädagogik,
Werderstraße 10, 69469 Weinheim
oder
Martin Verlinden, Sozialpädagogisches Institut NRW
Zentrale wissenschaftliche Einrichtung der Fachhochschule Köln
An den Dominikanern 2, 50668 Köln, Tel. 0221-1605243,
Fax 0221-16052643
E-Mail: verlinden@spi.nrw.de Website: www.spi.nrw.de

ISBN 3-407-56296-9

Alle Rechte vorbehalten

© 2005 Beltz Verlag Weinheim und Basel
1. Auflage 2005

05 06 07 08 09   5 4 3 2 1

Das Werk und seine Teile sind urheberrechtlich geschützt. Jede Nutzung in anderen als den gesetzlich zugelassenen Fällen bedarf der vorherigen schriftlichen Einwilligung des Verlages. Hinweis zu § 52a UrhG: Weder das Werk noch seine Teile dürfen ohne eine solche Einwilligung eingescannt und in ein Netzwerk eingestellt werden. Dies gilt auch für Intranets von Schulen und sonstigen Bildungseinrichtungen.

Planung/Konzept: Ulrike Bazlen, Weinheim
Lektorat: Birgit Huber, Freiburg
Herstellung: Anja Kuhne, Weinheim
Satz: WMTP, Birkenau
Druck und Bindung: Druckhaus »Thomas Müntzer«, Bad Langensalza
Umschlaggestaltung: glas ag, Seeheim-Jugenheim
Titelfotografie: Claudia Klinger, Weinheim
Fotos: Martin Verlinden, Köln
Printed in Germany

Weitere Informationen finden Sie im Internet unter
http://www.beltz.de

Inhalt

Vorwort 7

Einleitung 9

1. Kindergarten – ein wichtiger Ort für Väter und Mütter 13

1.1 Eintritt in den Kindergarten als gravierender Übergang im Familienleben 13
1.2 Die Väterlücke im Kindergarten 17
1.3 Übliche Formen der Elternarbeit 20
1.4 Rahmenbedingungen der Elternarbeit 28

2 Väter im Wandel 31

2.1 Welche Bedeutung haben Väter für die Entwicklung ihrer Kinder? 31
2.2 Wie verändern sich Gesellschaft und Familie? 35
2.2.1 Gesellschaftliche Veränderungen 36
2.2.2 Veränderungen in der Familie 38
2.2.3 Veränderungen begegnen durch Bildung und Austausch 39
2.3 Wie können Väter im Kindergarten unterstützt werden? 40

3 Zusammenarbeit mit Vätern 42

3.1 Kernaufgaben der Väterarbeit 43
3.2 Vorschläge für eine vielseitige Zusammenarbeit 46

4   Praxiserprobte Anregungen 55

4.1   Einstieg erleichtern 56
4.1.1 Zukünftige Nutzer des Kindergartens ansprechen 56
4.1.2 Väter anschreiben 57
4.1.3 Väter nehmen teil an Anmelde- und Aufnahmegesprächen 58
4.1.4 Kennenlernfest unter neuen Vätern 59
4.1.5 Väter miteinander bekannt machen 60
4.1.6 Väter-Briefe an die Kinder 61
4.1.7 Info-Rallye für neue Väter 63

4.2   Kontakt aufnehmen und an Erziehung beteiligen 64
4.2.1 Spontan Väter ansprechen 64
4.2.2 Ecke für Väter 65
4.2.3 Mit Vätern Entwicklungen des Kindes besprechen 66
4.2.4 Väter freiwillig in Ehrenämtern 67

4.3   Kontakt unter Vätern fördern 68
4.3.1 Austausch über angenehme Vater-Kind-Erlebnisse 68
4.3.2 Väterabend 69
4.3.3 Väter reparieren Spielzeug 70

4.4   Kindergarten-Alltag vermitteln 71
4.4.1 Vater-Kind-Frühstück 71
4.4.2 Väter besuchen die Kindergruppe 72

4.5   Aktionen mit Vätern und Kindern 74
4.5.1 Spieltreff für Väter 74
4.5.2 Väter spielen Ball mit ihren Kindern 75

4.6   Aktionen zum Abschluss der Kindergartenzeit 76
4.6.1 Spielaktion: Kinder, rettet die Väter! 77
4.6.2 Väter-Briefe an die Kinder zum Ende der Kindergarten-
       phase 83
4.6.3 Urkunde und Kurzbericht zum Kindergarten-Abschluss 84

4.7   Väterarbeit weiterentwickeln 85
4.7.1 Fachgespräche zum Thema »Väter« 86
4.7.2 Wünsche der Väter ermitteln 87

Anhang 89

Vorwort

Mittlerweile können Kindergärten fast alle Familien und somit auch die Väter erreichen. Erprobte Angebote für die Zusammenarbeit mit Vätern im Kindergarten sind Mangelware, obwohl spürbar mehr Väter intensiver für Kinder, Partnerin und Familie da sein wollen. Der Kindergarten hat sich auf die »neuen Väter« einzustellen, ihnen aktiv entgegenzugehen. Väter wahrzunehmen und mit ihnen zusammenzuarbeiten, ist für Fachkräfte eine anregende Herausforderung, bringt sowohl Hürden als auch überraschende Erkenntnisse mit sich.

Wenn ein Team sich bemüht, Väter besser sehen, verstehen und annehmen zu lernen, dann können verhärtete »Väterbilder« der Fachkräfte ebenso in Bewegung geraten wie zu schlichte Vorstellungen vieler Mütter und Väter über die Aufgaben von Erzieherinnen. Es ist ein besonderer Erfolg, wenn den Kindern durch intensiver werdende Väterarbeit letztlich mehr Männer in begreifbare Nähe rücken.

Hürden für ein in die Väterarbeit startendes Team sind offenkundig, dazu zählen in erster Linie: Die bisherigen Angebotszeiten einer an nicht berufstätigen Müttern ausgerichteten Elternarbeit, männerferne Themen, zu wenig Kommunikation mit Vätern und blasse Ankündigungstexte für Angebote der Einrichtung. Zusätzliche konzeptionelle und institutionelle Schranken versperren oft von Anfang an den Blick der Erzieherinnen auf die wachsende Zahl interessierter, mitwirkungsbereiter Väter heutiger Generationen. Fachkräfte in Tageseinrichtungen für Kinder haben auch aufgrund ihrer familienergänzenden Aufgabe viele Chancen, auf lernbereite Väter zuzugehen und sie darin zu unterstützen, ihre persönliche Rolle als Vater und Partner zu entdecken und individuell auszugestalten.

Auch die Frauenbewegung begrüßt, dass Väter nicht länger »Zaungäste«, »Vater-Morganas« am Rande der Familie und der Erziehung ihrer Kinder sein wollen. Zugleich nehmen kurzsichtige Revieransprüche von eifersüchtigen Müttern ab, die skeptisch darüber wachen, welches Terrain die Väter in der Kindererziehung übernehmen dürfen.

Väter entdecken die Kindergartenzeit ihres Kindes als einen besonders geeigneten Lebensabschnitt, um sich verantwortlich an der Erziehung zu beteiligen. Zwei biographische Übergänge kennzeichnen die Kindergartenzeit: der *Übergang von der familiären in die öffentliche Erziehung* und der *Übergang von der altersgemischten Erziehung in die altersgleiche Schulbildung.* Diese Übergänge wirken so intensiv auf alle Familienmitglieder wie nur wenige andere. Solche so genannten »Transitionen« fordern jedes Familienmitglied heraus und sind Ursache vieler Gespräche, Entscheidungen, Euphorien und Unsicherheiten.

Erzieherinnen kennen diese Unsicherheiten und Auseinandersetzungen. Sie nehmen Familie – Mütter, Väter und Kinder – ernst in solchen Übergängen und unterstützen sie bei deren Bewältigung. Väter bewusst daran zu beteiligen, ist eine zentrale Aufgabe der neuen Zusammenarbeit mit Vätern im Kindergarten.

Dr. Jürgen Rolle, Leiter des Sozialpädagogischen Instituts NRW

Einleitung

»Väter im Kindergarten« meint: *Mehr* Väter in den Kindergarten! Dieses Buch enthält Aufforderungen sowohl an Fachkräfte als auch an Eltern. Es geht um Konsequenzen aus einem Dilemma – Väter werden im Kindergarten-Alltag von Fachkräften oft nur mit Mühe erreicht. Dabei sind sie durchaus am Kindergarten interessiert und stellen einen besonderen Gewinn dar, wenn sie sich aktiv und fürsorglich mit ihren persönlichen Fähigkeiten für die Kinder und die Erziehungsaufgaben der Einrichtung einsetzen. Das vorliegende Buch ist zugleich ein Appell an Verantwortliche in Politik und Arbeitswelt, günstigere Rahmenbedingungen für Väter zu schaffen, damit diese in der anstrengenden Balance zwischen Beruf, Familie und Freizeit besser zurechtkommen.

Kindergärten könnten mittlerweile nahezu sämtliche Kleinkinder und deren Mütter und Väter sozialpädagogisch erreichen. Bislang werden die Chancen der Zusammenarbeit mit Eltern jedoch nur teilweise genutzt. Viele Eltern, die Väter öfter als die Mütter, werden von den Fachkräften eher als Zaungäste und weniger als Zielgruppe der Arbeit wahrgenommen. In vereinzelten Fällen werden Väter zwar in kurzfristiger hausmeisterlicher oder helfender Funktion als »begabter Spezi« aktiviert – aber bevorzugt dort, wo die Mehrheit der Erzieherinnen und Mütter sich eher unzuständig fühlt. Eine solch reduzierte Beteiligung der Väter entspricht kaum noch den aktuellen Vorstellungen »neuer Vätergenerationen«, wie sie Paul Volz und Rainer Zulehner 1998 nachweisen konnten.

Väter interessieren sich heute offenbar für die aktive Begleitung ihrer Kinder stärker als jemals zuvor, wollen deren Heranwachsen miterleben und sensibel mitgestalten. Zunehmend mehr Männer machen sich auf die Suche nach neuen Spielräumen ihrer Väterlichkeit. Dennoch sind Väter, die sich engagiert an der Erziehung beteiligen, weiterhin Pioniere in Tageseinrichtungen für Kinder, einsame »Entdecker ihrer eigenen Väterlichkeit« ohne greifbare Vorbilder (Hermann Bullinger, 1996). Diese Vorkämpfer verdienen mehr Aufmerksamkeit und Unterstützung, Vertrauen und Kollegialität von Frauen, ansonsten kehren sie in die traditionelle Rolle des bloßen Brotverdieners zurück.

Fachkräfte können den Vätern zur Seite stehen. Die familienergänzende Aufgabe des Kindergartens lässt zu, dass den Vätern Impulse und Räume angeboten werden, in denen sie eine »neue Väterlichkeit« ausprobieren, anderen Vätern begegnen und sich spielerisch den Kindern widmen können.

In der derzeitigen Elternarbeit der meisten Kindergärten nehmen Mütter nahezu den gesamten Raum ein. Berechtigt sind daher die Fragen: *Wo und wie lassen sich Väter auf eine Zusammenarbeit mit dem Kindergarten ein? Wo und wie können Erzieherinnen ihre Zusammenarbeit mit Vätern zum Nutzen für die Familie ausbauen?*

Auf den bisher gewohnten Wegen der Zusammenarbeit mit Eltern bieten sich viele Anknüpfungspunkte für ein stärkeres und kreativeres Einbeziehen von Vätern. Von Beginn an können Fachkräfte den Vätern vielfältige Zugänge in den Kindergarten öffnen, angefangen vom allerersten Kontakt bis hin zur Entlassfeier der angehenden Schulkinder.

Das vorliegende Buch »Väter im Kindergarten« möchte Fachkräfte in Tageseinrichtungen darin unterstützen, kreativ mit Vätern zusammenzuarbeiten und sie in ihrer Suche nach aktivem Vatersein zu fördern. Dies in einer Aufbruchsstimmung, in der Väter mehr Anteile an Elternzeit erobern und Angebote der Väterbildung und öffentliche Kampagnen für Väter zunehmen. Ein Beispiel hierfür ist die Kampagne des NRW Frauen- und Familienministeriums »Verpass nicht die Rolle deines Lebens!«

Wer Vätern behutsam den Kindergarten schmackhaft machen möchte, findet hier Grundlagen und erprobte Praxisbeispiele. Es sind *konzeptionelle Anregungen und konkrete Angebote für die Zusammenarbeit mit Vätern*, die allerdings von jeder Einrichtung und jeder einzelnen Erzieherin je nach Situation angepasst und variiert werden können.

Entwickelt wurden die Materialien in einem dreijährigen Forschungsprojekt des Sozialpädagogischen Institutes NRW, das die engagierte

Unterstützung von Teams und Fachkräften aus sechs Tageseinrichtungen verschiedener Träger in den rheinischen Gemeinden Hückelhoven (eine AWO-Einrichtung), Troisdorf (vier kommunale Einrichtungen) und Erkrath (eine evangelische Einrichtung) fand. (Anke Czyborski, 2002; Anke Oskamp, 2002).

Das Buch ist in vier Teile gegliedert:
- **Teil 1** knüpft an die derzeitige Realität der Zusammenarbeit mit Vätern und Müttern an. Ausgehend von der großen Bedeutung des Eintritts in den Kindergarten für die ganze Familie, werden die – meist stark an Müttern ausgerichteten – Formen der typischen Zusammenarbeit mit Eltern analysiert und zusammengefasst.
- **Teil 2** beschreibt Aspekte des Wandels und der Dynamik der Vaterrolle sowie die Bedeutung des Vaters für die Entwicklung des Kindes. Gesellschaftliche und familiäre Gründe für die Abwesenheit von Vätern im Kindergarten und das Bildungsverständnis von Vätern werden ebenfalls betrachtet.
- **Teil 3** liefert konzeptionelle Überlegungen, wie Väter in die praktische Arbeit von Erzieherinnen einbezogen werden sollten.
- **Teil 4** fasst konkret erprobte und bewährte Praxisbeispiele und methodische Anregungen für eine einfallsreiche sozialpädagogische Kooperation mit Vätern zusammen.

1. Kindergarten – ein wichtiger Ort für Väter und Mütter

Zusammenarbeit mit Eltern gehört mit zu den spannendsten Tätigkeiten im Kindergarten. Sie lebt von der Dynamik der Beziehungen, die Fachkräfte, Eltern und Kinder zueinander entwickeln. Je nach Einzugsgebiet, Bevölkerung, Einrichtungsart und Kompetenz der Fachkräfte fällt diese Zusammenarbeit sehr unterschiedlich aus. So vielfältig die Arbeit mit Eltern in der Fachliteratur auch dargestellt wird, im Praxisalltag bleibt die so genannte »Elternarbeit« meist ein »Austausch unter Frauen«: 97% der Fachkräfte in nordrhein-westfälischen Kindergärten sind weiblich und ihre Gegenüber in nahezu allen Elternkontakten sind zu über 80% Mütter. Dies dürfte auch in anderen Bundesländern die Regel sein.

1.1 Eintritt in den Kindergarten als gravierender Übergang im Familienleben

Der Eintritt des Kindes in die institutionelle Betreuung und Begleitung geht einher mit heftig widerstreitenden Gefühlen sowohl der Kinder als auch der Eltern. Für Väter und Mütter stellt der Übergang ihres Kindes in den Kindergarten eine tiefgreifende Neuorientierung dar. In westlichen, von Individualisierung und staatlicher Verantwortung geprägten Gesellschaften wird dieser Schritt als verunsichernd im Lebenslauf eines Kindes angesehen, als Übergang, der auch Mütter und Väter vielfach in Frage stellt. Mit dem Eintritt ihres Kindes in den Kindergarten hegen Eltern große Hoffnungen und Wünsche an das Kind und an die Fachkräfte. Zugleich erwarten die Fachkräfte Unterstützung von den neuen Kindergarteneltern, um ihre sozialpädagogische Aufgabe zum Wohl des Kindes zu erfüllen.

Transitionen – besonders bedeutsame Entwicklungsprozesse

Väter, Mütter und Kinder erleben den Eintritt ihres Kindes in den Kindergarten nicht als einmaliges Geschehen, sondern als einen Prozess, der sich aus vielen Einzelschritten zusammensetzt und starke emotionale Wirkung hat. Dies ist einer der bedeutenden Übergänge, der so genannten *Transitionen*, im Familienzyklus (→ Skizze 1).

Die Entwicklung einer Familie ist insbesondere davon abhängig, wie solche Übergänge zwischen den unterschiedlichen Stadien der Familiengeschichte bewältigt werden. Diese Umbrüche sind nahezu typisch für jede Familienentwicklung – bis auf Trennung/Scheidung und Wandel im Erwerbsleben, die in manchen Familien nicht vorkommen. Transitionen werden begleitet von Konflikten und Orientierungsprozessen, die enorme psychologische Wirkung auf jeden Einzelnen und die Familie als Gruppe ausüben. Derartige Übergänge

Skizze 1: Familie in Transitionen und im Netz unmittelbar beeinflussender Systeme

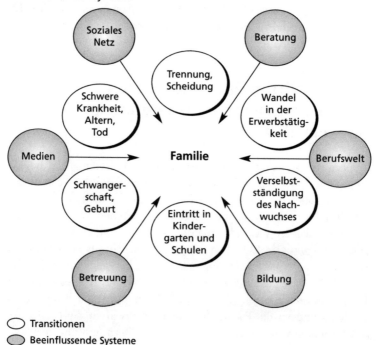

○ Transitionen
● Beeinflussende Systeme

erleben die einzelnen Familienmitglieder nicht isoliert, sondern als Mitglieder in verschiedenen Systemen und unterschiedlich ausgerichteten Netzwerken auch außerhalb der Kernfamilie, z.B. Vater oder Mutter als Mitglied eines Teams in der Firma und im Freizeitclub, als Mitglied im Freundes- oder Nachbarschaftskreis (→ Skizze 2).

Die folgenden typischen Transitionen und damit verbundenen Anforderungen an Familien sind im westlichen Kulturkreis von besonderer Bedeutung.

- **Schwangerschaft:** Das Paar bereitet sich in dieser Phase auf den zukünftigen Nachwuchs vor. Werdende Eltern stehen vor der Aufgabe, ihre Lebensplanung und mögliche Ressourcen für die neue Familienkonstellation zu prüfen und neu zu strukturieren.
- **Geburt:** Aus dem Paar werden Eltern. Sie befinden sich im Übergang von Partnerschaft zur Elternschaft. Aus der Zweisamkeit entwickelt sich eine Dreisamkeit, eine Gruppe. Das neue, unbekannte Mitglied verlangt Zeit, neue Planung und Kraft von Mutter *und* Vater.
- **Aufziehen des Nachwuchses:** Das Kind benötigt seiner Entwicklung gemäß Tagesrhythmus, Nahrung, Unterkunft, Pflege, Schutz, Erziehung, Spielraum, Liebe und Aufmerksamkeit. Gewohnheiten der Erwachsenen müssen an die aktuellen Bedürfnisse des Kleinkindes angepasst werden, z.B. Füttern und Säubern, Schlaf- und Wachzeiten.
- **Übergang des Kindes in Institutionen:** Das Kind kommt in Kindergarten, Schule, Ausbildungsstelle etc.; dort wird die Erziehungsverantwortung für das Kind geteilt und weitere Bezugspersonen treten hinzu. Die Erziehungsleistung der Familie wird »beurteilt", ergänzt, korrigiert – und zwar meist zum allerersten Mal beim Eintritt in den Kindergarten.
- **Verselbstständigung des Nachwuchses:** Jugendliche orientieren sich verstärkt an der eigenen Altersgruppe, distanzieren und lösen sich von Vater und Mutter. Ein »leeres Nest" und die mögliche Großelternrolle werden absehbar, zugleich die Chance auf erneutes Aufleben der Partnerschaft zu zweit bei rapider Abnahme der Elternaufgaben.
- **Wandel in der Erwerbstätigkeit:** Aufnahme oder Ausbau der Berufskarriere Einzelner, aber auch ihre Unterbrechung, drohende oder tatsächliche Erwerbslosigkeit beeinflussen alle Familienmitglieder.

- **Trennung und Scheidung:** Partnerschaften geraten in Krisen, bisherige Familienstrukturen werden unter anderem auf sozialen, emotionalen, materiellen und juristischen Ebenen durchleuchtet, bewertet und getrennt.
- **Schwere Krankheit, Altern, Tod:** Schwere Erkrankungen, Pflegebedürftigkeit und Todesfälle Nahestehender fordern Lösungen und Änderungen von allen betroffenen Familienmitgliedern.

Skizze 2: Familie im Netz von kleinen und größeren Systemen

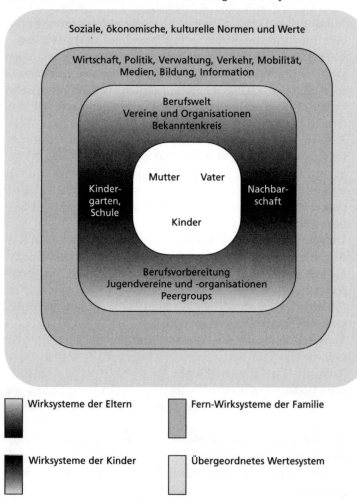

Die genannten Transitionen gehen mit Orientierungsbedarf aller Beteiligten einher, oftmals begleitet von tiefgreifenden Änderungen, zum Beispiel Wohnort- oder Schulwechsel und neuer Nachbarschaft. Neben der betroffenen Kleinfamilie sind weitere Kreise wie etwa Freundeskreis oder Verwandte direkt oder indirekt an derartigen Übergängen beteiligt. Sie tragen mit ihren Möglichkeiten unterschiedlich dazu bei, wie angemessen die Betroffenen die jeweilige Transition bewältigen.

Als Folge tiefgreifenden Wandels von Familienstrukturen und -normen können aber immer weniger Eltern und Kinder auf Unterstützung, Erfahrung oder Kompetenzen aus intakten sozialen Netzen von Verwandten, Freunden oder Nachbarn zurückgreifen. Teilweise wollen heutige Familien deren Einmischung ihrerseits auch nicht mehr zulassen. Scheitern Familien, kann dies sehr oft auf eine unangemessene Bewältigung der jeweiligen Transitionen zurückgeführt werden. Die betroffenen Personen fühlen sich als Versager, die an ihren Rahmenbedingungen scheitern oder an ihrem Unvermögen, mit den sich wandelnden Anforderungen ihre eigene Rolle, Fähigkeiten und/oder Partnerschaftsvorstellungen genügend weiterzuentwickeln (Martin Verlinden, 1999).

Transitionen innerhalb von Familien wirken sich spürbar auf die Arbeit der Fachkräfte im Kindergarten aus. Fehlen den Eltern und Fachkräften die Möglichkeiten, sich kontinuierlich auszutauschen und abzustimmen, dann kann selbst ein gutgemeintes Handeln zum Wohl des Kindes in belastende Erlebnisse für das Kind umschlagen. Eltern und Erzieherinnen brauchen den offenen Austausch und Absprachen untereinander, um fruchtbar für Kind und Familie zu wirken. Respekt- und vertrauensvoller Umgang zwischen den Erwachsenen unterstützen das Kind positiv in seinem Empfinden und Erleben in Kindergarten und Elternhaus.

1.2 Die Väterlücke im Kindergarten

Obgleich der Eintritt eines Kindes in den Kindergarten, wie beschrieben, einen wichtigen Entwicklungsprozess für die gesamte Familie einleitet, sind Väter selten dort zu finden. Mitunter in Gremien der Elternvertretung, mal auf einem themengebundenen Elternabend, kaum aber in gängigen Nachmittagsangeboten und noch seltener in der relevanten Fachliteratur des letzten Jahrhunderts. Väter sind bisher noch »Vater-Morganas«, also kaum greifbare Gäste in Kindergärten. Sie gehören dort kaum zum Alltagsbild, sind eher zu besonderen Veranstaltungen mit geringem pädagogischen Inhalt anzutreffen, wie etwa als Bierzapfer beim Sommerfest oder als Handwerker, wenn es um kleinere Reparaturen in der Einrichtung geht.

Oft scheuen Väter sich, den Berufsalltag zu unterbrechen, um einer Einladung aus dem Kindergarten nachzukommen; aber Erwerbstätigkeit kann nicht allein die »Väterlücke«, die Abwesenheit der Väter in den meisten Tageseinrichtungen erklären. Im Grunde stehen jene traditionellen Rollenvorstellungen im Weg, welche die Zuständigkeiten von Müttern und Vätern innerhalb der Familie klar voneinander trennen, nach dem Motto: »Kinderziehung ist Frauensache – Geldverdienen ist Männersache«.

Väter erscheinen als Zaungäste

Bereits im Anfangsstadium jeglicher Kontakte zum Kindergarten scheinen Mütter und Väter verschiedenen Welten anzugehören. Väter werden traditionell als die großen Unbekannten in der Zusammenarbeit mit Eltern im Kindergarten eingestuft. Fachkräfte sammeln wesentlich mehr Erfahrungen mit Müttern und trauen sich demnach eher zu, ihre Geschlechtsgenossinnen sicher einschätzen zu können. Da Kontakte, Kommunikation und Erfahrungen mit Vätern noch selten sind, beziehen Fachkräfte zur männlichen Hälfte der Elternschaft wesentlich zurückhaltender Stellung.

Für die erlebte, im Grunde beklagenswerte – aber überwindbare – Abwesenheit von Vätern im Kindergarten führen Fachkräfte verschiedene Ursachen an (→ Kap. 1.3). Hier die am meisten vertretenen Aussagen dazu:
- **»Viele Väter werten den Kindergarten als nebensächlich.«** Sie seien kaum neugierig und ließen sich selten motivieren, in das eher rollenuntypische Feld der Kleinkinderziehung aktiv einzusteigen und dort teilzuhaben. Väter brächten und holten ihr Kind selten vom Kindergarten ab. Sie träfen und unterhielten sich selten vor dem Kindergarten miteinander. Ebenso spärlich seien Kommunikation und Kontakt der Väter mit den Fachkräften der Einrichtung.

- **»Väter stehen distanzierter zum Kind.«** Väter blieben – tauchten sie einmal im Kindergarten auf – selten einige Minuten in der Spielgruppe ihres Kindes. Erzieherinnen berichten, dass Väter wenig von ihren Kindern erzählten, sie faktisch wenig begleiteten und selten das mitmachten, was ein Kind in der Einrichtung beschäftige. Kinder wüssten ihrerseits häufig mehr über den Alltag der Mutter und weniger über den Vater und dessen Berufstätigkeit zu erzählen.
- **»Erziehungsthemen schrecken Väter ab.«** Erzieherinnen erleben, dass Väter anfangs eher auf einer »anderen als der pädagogischen Ebene« zu erreichen seien. Eher gelinge es, Väter für offene Feste für die ganze Familie und für Präsentationen ihrer eigenen Kinder zu interessieren, z.B. für Aufführungen, bei denen ihre Sprösslinge aufträten. Weitere Erfahrungen zeigten, dass Väter für handwerkliche Dienste leichter ansprechbar seien.
- **»Viele Mütter beanspruchen Dominanz in der Kleinkinderziehung.«** So wird oft befürchtet, dass Mütter eifersüchtig werden und sich zurückgesetzt fühlen könnten, wenn Erzieherinnen verstärkt mit Vätern in Erziehungsfragen zusammenarbeiten würden. Dies passiere dann eher, wenn bisherige Angebote und Kontakte zu den Müttern verringert würden, um mehr Zeit für Väter zu haben.

Unter Erzieherinnen beginnt dennoch eine väterfreundliche Wahrnehmung zu wachsen:
- **»Väter der Jüngsten, also der Kleinstkinder, wirken interessierter an Erziehung.«** Väter mit Säuglingen in so genannten »kleinen altersgemischten Gruppen« werden als interessierter erlebt als Väter von Kindergartenkindern. Die Säuglingsväter würden häufiger ihr Kind bringen oder abholen, insbesondere wenn beide Elternteile erwerbstätig seien und sich Arbeitszeiten mit Öffnungszeiten der Einrichtung überschnitten.
- **»Väter neu aufgenommener Dreijähriger wirken gefühlsbeteiligter.«** Im Unterschied zu »typischen Männern«, die ihre Gefühle seltener äußern, stellen Fachkräfte bei Vätern neu aufgenommener Kinder häufig fest, dass den Männern eine Trennung von ihrem Kind emotional nahe gehe. Festzustellen sei dies in manchen Situationen des Bringens und Abholens ihrer Kinder. Diese neuen Väter seien stolz auf ihr Kind. Sie scheinen besonders zugänglich für Erziehungsfragen.

Gräben zu Vätern überbrücken

Die von Erzieherinnen berichteten Alltagseindrücke belegen tief wirkende Annahmen über Geschlechtsrollenunterschiede, die derzeit die Elternarbeit beeinflussen. Sie zeigen, wie sehr Kindergarten und Kindheit geprägt sind von einer schwerwiegenden »Unterväterung« bei gleichzeitiger »Übermütterung«. Dennoch gibt es Wege und Möglichkeiten für Erzieherinnen, ein günstigeres Gleichgewicht in der Zusammenarbeit mit Müttern und Vätern aufzubauen.

Erzieherinnen empfanden es als ebenso spannend wie anregend, ihre Zusammenarbeit mit Vätern zu durchleuchten, wahrgenommene Gräben zu benennen und in kleinen Schritten zu überbrücken.

Wenn Erzieherinnen auf Väter zugehen, geraten festgefahrene Bilder von Vater und Mutter in interessante Bewegung. Auch die bei Eltern festsitzenden Bilder von »der Erzieherin« ändern sich dann. Um Väterarbeit erfolgreich zu entwickeln, wird viel kreativer Schwung und Flexibilität im Team benötigt. Die persönliche Bereitschaft jeder einzelnen Erzieherin, ihre zuversichtliche Aufmerksamkeit und fachliche Kompetenzen sind gefordert, um Väter nachhaltig zu erreichen.

1.3 Übliche Formen der Elternarbeit

Je nach Personen, Einrichtung und Sozialraum bieten sich verschiedene Möglichkeiten an, das Verhältnis zwischen Eltern und Erzieherinnen auszubauen (vgl. Renate Militzer/Regina Solbach u.a., 1999). Fachkräfte und Eltern haben im Kindergarten meist sehr typische Begegnungsebenen und Kontaktrituale entwickelt. Diese Kontaktformen erstrecken sich über verschiedene zufällige Anlässe und Gespräche, bis hin zum absichtlichen gemeinsamen Handeln innerhalb und außerhalb der Einrichtung. Je stärker Erzieherinnen die praktische Unterstützung durch Väter und Mütter zulassen, um so mehr wachsen Eltern über die Aufgaben gesetzlich vorgegebener Mitwirkungsgremien für Eltern hinaus.

Aus der vielseitigen Praxis von Erzieherinnen und der umfangreichen Fachliteratur zur Elternarbeit lassen sich *zehn typische Formen* der Elternarbeit in Kindergärten hervorheben.

- Erste Begegnungen
- Tür- und Angelgespräche
- Vertiefende Gespräche
- Elternabende
- Hospitationen
- Besondere Aktionen mit Eltern und Kindern
- Öffnung ins Gemeinwesen
- Eltern in Gremien
- Fachkräfte sprechen über Eltern
- Elterneinstellungen zur Einrichtung und Erziehung beachten

Diese allgemein bekannten Formen typischer Elternarbeit richten sich jedoch in der Praxis überwiegend an Mütter und weniger an Väter. Dies konnte auch eine Befragung von nahezu 50 Fachkräften unterschiedlicher Tageseinrichtungen für Kinder im Rheinland bestätigen (Verlinden/Czyborski, 2002).

In der nun folgenden Beschreibung der gängigen Formen von Elternarbeit zeigen wir diese »Väter-Vernachlässigung« aus Sicht der Fachkräfte. Dies erlaubt, die ausbaufähigen Bereiche der Väterarbeit im Kindergarten kontrastreicher zu benennen.

Gewiss machen Väter bereits in den Jahren bevor ihr Kind in den Kindergarten aufgenommen wird die Erfahrung, »Zaungast in der Kindererziehung« zu sein. Mütter hingegen sind seit der Schwangerschaft die zentrale Schaltstelle für Bildungs- und Beratungsangebote, die Kinder und Erziehung betreffen. Mit dieser Vorerfahrung ist es nicht verwunderlich, dass Väter auch im Kindergarten selten auftauchen und sich schwerer ansprechen lassen. Manchen Kindergärten jedoch, besonders den »Elterninitiativen«, dürften die folgenden Erfahrungen mit »Unterväterung« eher fremd sein.

Erste Begegnungen

Vater, Mutter, Kind und sozialpädagogische Fachkraft begegnen einander – wenn nicht bereits in öffentlichen Veranstaltungen – zum ersten

Mal im *Erkundungs-* oder *Anmeldegespräch*. Dieser erste Kontakt findet meist weit vor dem Eintritt des Kindes in den Kindergarten statt und hinterlässt als ersten Eindruck prägende Gefühle bei allen Beteiligten. Der erste Kontakt sollte daher ein positiver gemeinsamer Start in die Kommunikation zwischen Eltern und den Fachkräften sein.

Väterbeteiligung an ersten Begegnungen

In der Praxis bestehen nur wenige Kindergärten darauf, dass der Vater aktiv bereits am Anmeldegespräch teilnimmt. Das Bringen und Abholen des Kindes zu Anfang seiner Kindergartenzeit fällt zudem selten in den Aufgabenbereich des Vaters. Meist bringen Mütter ihr Kind in dieser Zeit in den Kindergarten und holen es auch ab. Daraus mag sich ergeben, dass Erzieherinnen in den ersten Monaten meist jede Mutter, jedoch selten jeden Vater kennen lernen.

Tür- und Angelgespräche

Spontane Begegnungen und Kurzgespräche erleichtern in der Regel den Informationsaustausch zwischen Eltern und Erzieherinnen und ihre gemeinsame Erziehungsaufgabe. Werden spontane Kontakte untereinander gepflegt, so wirken sie vertrauensbildend auf die Beziehungen zwischen den Erwachsenen.

Eltern nutzen die Kurzgespräche beispielsweise, um einander kennen zu lernen, aktuelle Informationen über ihr Kind mitzuteilen, erziehungsspezifische Fragen an die verantwortliche Fachkraft zu richten oder Termine für intensivere Einzelgespräche zu vereinbaren.

Erzieherinnen schätzen diese Gespräche, um Eltern auf bevorstehende Veranstaltungen oder auf Anliegen der Fachkräfte aufmerksam zu machen. Spontanes Ansprechen ermöglicht, auf einzelne Eltern zuzugehen, die zurückhaltender und sonst schwer erreichbar sind.

Väterbeteiligung an Tür- und Angelgesprächen

Die Praxis zeigt: Selten sprechen Väter Erzieherinnen von sich aus an oder treffen und unterhalten sich mit anderen Eltern vor der Einrichtung – im Gegensatz zu Müttern. Väter machen oft erst nach Rücksprache mit der Mutter Termine für das Kind mit den Fachkräften fest, wogegen Mütter dafür selten Rücksprache mit dem Partner halten. Väter sind demnach an Tür- und Angelgesprächen kaum beteiligt.

Vertiefende Gespräche

Im Verlauf der Kindergartenzeit erhalten vertiefende Gespräche über das Kind zwischen Eltern und Fachkräften eine informative, beratende Funktion. Es geht um *einfühlsame Zusammenarbeit* von Eltern und Fachpersonal, um individuelle Besonderheiten des Kindes und seiner Lebenslage zu verstehen. Unterschiedliche und gemeinsame Erfahrungen mit Bedürfnissen des Kindes, seiner Entwicklung und Sozialisation werden zwischen Fachkräften und Eltern besprochen.

Väterbeteiligung an vertiefenden Gesprächen

Die bisherige Erfahrung zeigt: Väter, die sich mit ihrem Kind in Not befinden, wenden sich selten an Fachkräfte im Kindergarten, im Gegensatz zu Müttern, die dies oft tun. Väter halten sich in Erziehungsthemen im Beisein der Mutter ihres Kindes oft zurück, während Mütter sich im Beisein des Partners selten zurückhalten. Manche Väter werden oft erst kurz vor der Einschulung ihres Kindes im Kindergarten angetroffen – anders als die meist von Anfang an im Kindergarten präsenten Mütter. An vertiefenden Elterngesprächen sind Väter demnach kaum beteiligt.

Elternabende

Elternabende in klassischer Form, als *Informations-, Vortrags- und Diskussionsveranstaltungen*, waren lange Jahre Usus in Kindergärten. Diese wenig flexible und häufig belehrende Form des Elternabends wurde in den letzten Jahrzehnten weiter entwickelt zu einer bedarfsorientierten Veranstaltung für alle Beteiligten. Hierfür sind zum einen Themen auszuwählen, die den Lebenssituationen von Eltern und Kindern nahe kommen. Zum anderen können gleichberechtigtes Gespräch und andere moderierende Methoden verknüpft werden, so dass Eltern und Erzieherinnen einander kennen lernen und Belange ihrer Kinder miteinander vergleichen können.

Väterbeteiligung an Elternabenden

Erfahrungsgemäß nehmen Mütter oft – Väter dagegen selten – an Fachvorträgen teil, die der Kindergarten anbietet. In der Regel stellen Mütter mindestens zwei Drittel der Teilnehmenden an einem Elternabend, Väter meist nur einen sehr geringen Anteil von 10-20%. Ein repräsentativer Beitrag aus Vätersicht ist demnach an üblichen Elternabenden kaum zu erwarten, zumal die restlichen Teilnehmenden in der Regel weibliche Fachkräfte des Kindergartens oder der Fachberatung sind.

Hospitationen

Hospitationen sind im Sinne einer partnerschaftlichen Erziehung für Kindergarten und Eltern sehr positiv zu werten, werden jedoch allgemein noch zu wenig genutzt. Nach Absprache mit der Erzieherin können *Eltern am Kindergartenalltag teilnehmen.* Sie besuchen beispielsweise an einem Vormittag den Kindergarten, sehen und erleben, wie vielfältig ihr Kind seinen Tagesablauf und verschiedene soziale Situationen gestaltet. Zudem wird die differenzierte Arbeit der Erzieherinnen mit den Kindern für Eltern in Hospitationen begreifbarer. Die Erzieherin kann ihrerseits Eltern im Umgang mit ihrem Kind und mit anderen Kindern der Gruppe erleben.

Das Kind in unterschiedlichen Situationen gemeinsam zu beobachten und diese Einblicke anschließend gemeinsam auszuwerten, sind wichtige Elemente der Hospitation. Sie helfen den Eltern und Fachkräften, pädagogische Sicht- und Handlungsweisen des jeweils anderen zu erkennen und sich über gemeinsame Erziehungsziele zu verständigen.

Väterbeteiligung an Hospitationen

Väter bleiben erfahrungsgemäß nur selten einige Minuten mit ihrem Kind in der Gruppe, im Gegensatz zu Müttern, die das sehr oft tun. Als so seltene Gäste im Kindergarten wirken sie wie echte Raritäten, wenn sie mal auf Besuch kommen. Kinder sind auf diese männlichen Gäste dann äußerst neugierig. Wenn mal ein Mann im Kindergarten auftaucht, erscheint das als Sensation, wohingegen die Anwesenheit von Müttern die Kinder kaum neugierig macht: »Frauen umgeben sie permanent!«

Besondere Aktionen mit Eltern und Kindern

Gemeinsame Angebote und Aktionen mit Eltern und Kindern am Nachmittag, Feierabend oder Wochenende, ergänzen die Arbeit des

Kindergartens. Sie sind oft auf ein aktuelles pädagogisches Thema oder auf Aufgaben und Situationen der Kindergartengruppe in der Einrichtung bezogen, z.B. Spiele, Ausflüge, Feste, Jubiläen, Entlassung der Schulpflichtigen.

Eltern helfen häufig bei der Vorbereitung und Gestaltung derartiger Aktionen, etwa bei *Sommer- oder Erntedankfest, Martins-, Weihnachts- oder Osterfeier, Flohmarkt, Basar, Spielplatzrenovierung, Wanderung* etc. Die inhaltliche Planung übernimmt zumeist das Kindergartenpersonal unter Mithilfe der Elternvertretung, was einschließt, dass Erzieherinnen besonders engagierte Eltern »einweihen« und sie direkt um Unterstützung bitten.

Väterbeteiligung an besonderen Aktionen

Bisher scheinen Väter selten zu kommen, wenn Aktivitäten und Spiele für Eltern und Kind angeboten werden; Mütter hingegen nehmen an derartigen Angeboten oft teil. In Schreiben an Eltern werden die Väter so gut wie nie persönlich neben den Müttern angesprochen. Meist wird allgemein mit »Liebe Eltern« eingeladen.

Fachkräfte erzielen gute Erfahrungen mit Vätern – wie mit Müttern – bei Aktionen, die als »besondere Aktionen mit Eltern und Kindern« einzustufen sind. Hier werden Elternteile zumeist stark rollentypisch eingebunden. Väter treten eher handwerklich und organisatorisch hervor, Mütter dagegen eher hauswirtschaftlich und pflegerisch.

Öffnung ins Gemeinwesen

Formen der Zusammenarbeit mit Eltern können über die Grenzen der eigenen Einrichtung hinausführen. So arbeiten Einrichtungen mit Familien und Nachbarschaft zusammen, um in ihrem Einzugsbereich für Familien und Kinder pädagogisch umfassend wirksam zu sein. Zu diesem Zweck vernetzen sich Einrichtungen miteinander und wollen gemeinsame Ziele besser erreichen. Derartige *Vernetzungen* haben derzeit Zulauf, scheinen für eine zukunftsorientierte sozialgerechte Aufgabenerfüllung des Kindergartens notwendig und führen zur Kooperation mit weiteren Initiativen, sozialen Diensten und Einrichtungen (Verlinden u.a., 2000).

Väterbeteiligung bei der Öffnung ins Gemeinwesen

Frühzeitige oder nachgehende Kontakte zu Müttern und Vätern, deren Kinder noch nicht oder nicht mehr im Kindergartenalter sind, sind kaum vorhanden. Ebenfalls mangelt es an Austausch mit anderen Kindergärten über Erfolge mit Vätern und Müttern. Dies mag die verbreitete Unterbewertung anzeigen, die das Thema »Öffnung in das Gemeinwesen« bislang bei Fachkräften im Elementarbereich und in anderen Einrichtungen der Familienbildung und -beratung für Eltern mit Kleinkindern erfahren hat.

Eltern in Gremien

Das KJHG (Kinder- und Jugendhilfegesetz) schreibt bundesweit die Mitwirkung von Erziehungsberechtigten in Gremien des Kindergartens vor. Diese hat sich nach dem jeweils geltenden Landesgesetz zu richten (§26 KJHG). Solche Gremien haben unterschiedliche Aufgaben und Rechte, bauen aufeinander auf und wirken ergänzend neben anderen, weniger formellen Mitwirkungsstrukturen von Erziehungsberechtigten.

Väterbeteiligung in Gremien

Die tatsächliche Besetzung der Mitwirkungsgremien, inklusive der Vertretungsposten, zeigt im Alltag durchweg: Der Kindergarten ist eine klare Frauen- und Mütterdomäne. Ähnlich wie an Elternabenden stellen die Mütter im Elternrat meist mehr als eine Dreiviertelmehrheit. Väter hingegen sind dort eher nur auf einem Viertel der Posten anzutreffen.

Selbst wenn es zwischen Einrichtungen große Unterschiede in der Elternratsgröße und -besetzung gibt, sind nur äußerst selten annähernd gleich viele Väter wie Mütter in den Gremien anzutreffen. Häufig sind bereits in der jeweils ersten Elternversammlung im Kindergartenjahr, in der meist schon die Elternvertretungen für ein Jahr gewählt werden, kaum hinreichend viele Väter versammelt.

Fachkräfte sprechen über Eltern

Die Bedeutung der Elternarbeit wird vielfach in der Fachliteratur betont und mit einer Fülle von *Praxistipps für den Umgang mit Eltern* versehen. Die massive Anhäufung der Literatur dazu lässt vermuten, dass dieser Teil sozialpädagogischen Handelns in der Aus- und Fortbildung von Fachkräften bislang zu wenig Raum findet (Rainer Strätz u.a., 2000). »Elternarbeit« zu unterrichten, scheint dadurch erschwert, dass Haltungen gegenüber Eltern weniger theoretisch, sondern viel mehr in der praktischen Begegnung mit Vätern und Müttern, im Vorbild der Kolleginnen und im Teamgespräch wachsen. Viele Berufsanfängerinnen müssen sich ihre Kompetenzen in der Erwachsenenbildung in den ersten Berufsjahren mühsam autodidaktisch aneignen.

Väter als Thema der Fachkräfte

Taucht ein Vater im Kindergarten auf oder wird ausnahmsweise mal im Team über Väter gesprochen, dann spüren viele Erzieherinnen nahezu erschrocken, dass ihnen Erfahrungen mit Vätern fehlen. Andererseits geben Erzieherinnen selten an, ihnen würden Erfahrungen mit Müttern fehlen. Väter – die unbekannten Partner in der Elementarerziehung.

Elterneinstellung zu Einrichtung und Erziehung beachten

Formen und Methoden der Elternarbeit in einem Kindergarten sind Facetten des Bildes, das dortige Fachkräfte sich von den Eltern machen. Partnerschaftliche Gespräche und achtsame Zusammenarbeit erfordern sowohl von Erzieherinnen als auch von Eltern das stete Bemühen, die Besonderheit jedes Beteiligten, seine unterschiedlichen und oftmals widersprüchlichen Lebenslagen zu berücksichtigen und ihm wiederholt mit Kontaktangeboten und Vertrauensvorschuss entgegenzugehen. Die *eigenen Elternbilder* zu kontrollieren, erfordert Arbeit aller Beteiligten und sensiblen Umgang mit persönlichen Hoffnungen und Erwartungen. Gesellschaftliche Konstruktionen von »Eltern-Rollen« kritisch zu hinterfragen, ist eine ständige Herausforderung an Fachkräfte, die ihre Zusammenarbeit mit Vätern und Müttern im Kindergarten ausbauen möchten.

Einstellungen von Vätern zu Einrichtung und Erziehung beachten

Viele Erzieherinnen sind sich einig: Väter geben offenbar häufig ihrem Beruf mehr Gewicht als den Kindern und leiden scheinbar nicht so stark darunter wie meist die Mütter, wenn sie wenig von ihrem Kind mitbekommen. Auch entspricht es der Erfahrung von Fachkräften, dass Väter oft die Erziehung des Kindergartenkindes den Müttern überlassen. Selten scheinen Väter neugierig auf den Kindergarten zu sein, meist sind es die Mütter. Eher selten wird von den Erzieherinnen beobachtet, dass Väter sich im Kindergarten untereinander anfreunden, was unter Müttern hingegen als typisch wahrgenommen wird.

> Elternarbeit im Kindergarten gilt noch zu oft als beschwerliches Nebenthema der Arbeit mit Kindern und erreicht so bestenfalls einige Mütter. Wenn Erzieherinnen sich jedoch auf beide Elternteile einlassen, also Türen auch für Väter öffnen, dann begeben sie sich auf einen neuen spannenden Weg ihrer Aufgaben. Auf diesen neuen vielversprechenden Weg einzuschwenken, kann mehrere Jahre beanspruchen, zumal Erzieherinnen dabei auf eigene Vorurteile, hinderliche Gewohnheiten und Hemmungen stoßen, die ebenfalls auf Elternseite abzubauen sind.

1.4 Rahmenbedingungen der Elternarbeit

Eltern und Fachkräfte können bereits vor dem Kindergarten, in einem frühen Stadium der Familienentwicklung, ein Beispiel für familienförderliche Kooperation geben, um die »Erziehungskompetenz in Familien« zu fördern – ein Schlüssel zur Zukunft (Verlinden, 2003). Im Rahmen des familienergänzenden und -unterstützenden Auftrags des Kindergartens hat das KJHG eine Grundlage für die Zusammenarbeit mit Müttern und Vätern im Kindergarten geschaffen. Über die Förderung von Kindern in Tageseinrichtungen (§ 22 KJHG) und in Tagespflege (§ 23 KJHG) hinaus, sollen Fachkräfte ihre Aufgaben der Betreuung, Bildung, Erziehung des Kindes *mit* den Erziehungsberechtigten zum Wohle des Kindes ausüben.

§22 Grundsätze der Förderung von Kindern in Tageseinrichtungen

(1) In Kindergärten, Horten und anderen Einrichtungen, in denen sich Kinder für einen Teil des Tages oder ganztags aufhalten (Tageseinrichtungen), soll die Entwicklung des Kindes zu einer eigenverantwortlichen und gemeinschaftsfähigen Persönlichkeit gefördert werden.

(2) Die Aufgabe umfasst die Betreuung, Bildung und Erziehung des Kindes. Das Leistungsangebot soll sich pädagogisch und organisatorisch an den Bedürfnissen der Kinder und ihrer Familien orientieren.

(3) Bei der Wahrnehmung ihrer Aufgaben sollen die in den Einrichtungen tätigen Fachkräfte und anderen Mitarbeiter mit den Erziehungsberechtigten zum Wohl der Kinder zusammenarbeiten. Die Erziehungsberechtigten sind an den Entscheidungen in wesentlichen Angelegenheiten der Tageseinrichtung zu beteiligen.

Indem Fachkräfte der Einrichtung informieren und beraten, unterstützen sie die Eltern in ihrer Erziehungsaufgabe und stärken mittelbar die Persönlichkeitsentwicklung des Kindes. Ein elementares Erziehungsziel, das Soziale Lernen, wird den Kindern auf diese Weise im Miteinander ihrer Bezugspersonen vorgelebt.

Einige *Rahmenbedingungen* entziehen sich allerdings weitgehend dem persönlichen Einfluss der Erzieherinnen. Insbesondere der Aus-, Fort- und Weiterbildung der Fachkräfte des Elementarbereichs fallen tragende Aufgaben zu, damit die Themen »Väter-Mütter« und *gender mainstreaming* im Kindergarten aufgegriffen werden können.

Gender Mainstreaming

Gender Mainstreaming bedeutet, bei allen gesellschaftlichen Vorhaben die unterschiedlichen Lebenssituationen und Interessen von Frauen und Männern von vornherein und regelmäßig zu berücksichtigen, da es keine geschlechtsneutrale Wirklichkeit gibt. *Gender* kommt aus dem Englischen und bezeichnet die gesellschaftlich, sozial und kulturell geprägten Geschlechtsrollen von Frauen und Männern. Diese sind – anders als das biologische Geschlecht – erlernt und damit auch veränderbar. *Mainstreaming* bedeutet, dass eine bestimmte inhaltliche Vorgabe, die bisher nicht das Handeln bestimmt hat, nun zum zentralen Bestandteil bei allen Entscheidungen und Prozessen gemacht wird.« Vgl. www.gender-mainstreaming.net. Diese relativ junge politische Forderung zielt darauf ab, alle Entscheidungen und Maßnahmen daraufhin zu prüfen, ob und wie sie sich unterschiedlich auf die beiden Geschlechter auswirken und ihre Chancengleichheit fördern, etwa in der Bildung oder am Arbeitsplatz.

Dies wird zusätzlich von äußeren Einflüssen erschwert. So vermitteln die meisten Medien immer noch traditionelle Mütter- und Väterbilder, die Männern den Zugang zu Familie und Kleinkindern erschweren und Frauen nahezu darauf festlegen. Einige fortschrittliche Werbespots und Vorabendsendungen erwecken zwar den Eindruck, Männer seien in die Hochebenen partnerschaftlicher und väterlicher Gewohnheiten aufgebrochen, doch sind diese Beiträge in der erdrückenden Masse von »Eiszeit-Männern« noch zu selten.

Erschwerend auf die gleichberechtigte Beteiligung von Vätern in Kindergärten wirken sich die widrigen Arbeitszeiten berufstätiger Väter aus. Mittlerweile haben allerdings schon einige kluge Unternehmen begriffen, dass Väter, die in ihrer Rolle von ihren Arbeitgebern unterstützt werden, motiviertere und loyalere Mitarbeiter sind. Sie zeigen ein fortschrittlicheres Verhalten am Arbeitsplatz und besitzen besser ausgebildete emotionale Fähigkeiten. Väterfreundlichkeit könnte deshalb bald zum »Muss« für Unternehmen, schon aus wirtschaftlichen Gründen werden.

2 Väter im Wandel

Väter brauchen heute sehr viel Kraft und Ausdauer, um eine Balance zwischen alltäglichen Anforderungen der Arbeitswelt, Partnerschaft, Kind und ihrem eigenen Wohl zu finden. Sie sehen in sich mehr als nur den Ernährer der Familie, wollen ihre Vaterschaft von Anfang an aktiv erleben und gestalten sowie gleichberechtigt an der Seite der Mütter stehen. Obwohl Väter häufig schon in frühen Phasen der Entwicklung ihres Kindes maßgebliche Beiträge leisten, fühlen sie sich noch zu oft ausgegrenzt. Auch im elementaren Bildungsbereich herrscht ein deutliches Ungleichgewicht der Geschlechter durch »Übermütterung« bei gleichzeitiger »Unterväterung« (Verlinden, 2001).

Die Überzahl von Müttern und Frauen in der Kindererziehung führt zu der Frage, inwieweit gesellschaftliche, institutionelle, berufliche und familiäre Gründe einen Vater unnötig von der gleichwertigen Teilnahme an der Elternarbeit des Kindergartens abhalten, und wie sich dort ein spezielles Erziehungs- und Bildungsverständnis der Väter hemmend für die Entwicklung der Kinder auswirkt.

2.1 Welche Bedeutung haben Väter für die Entwicklung ihrer Kinder?

Was Vaterschaft, Mutterschaft, Familie bedeuten, wurde von jeher kulturell und gesellschaftlich geprägt. Heute begreifen wir Familie als ein dynamisches System, in dem Vater, Mutter und Kind(er) in unterschiedlicher Beziehung zueinander stehen, sich gegenseitig beeinflussen, bewegen, bremsen und ausgleichen – wie in einem empfindlichen Mobile. Beziehungen jedes einzelnen Familienmitglieds zu anderen, äußeren Systemen, wie etwa zu Nachbarschaft, Kindergarten, Schule, Verwaltung, Berufswelt, Medien, Politik und Gemeinwesen, wirken ebenfalls auf die Dynamik dieses Mobiles ein und beeinflussen Entwicklung und Balance aller übrigen Familienmitglieder (Urie Bronfenbrenner, 1981).

Väter entwickeln eine frühe Bindung zum Kind

Ein Kind macht gleich zu Beginn seines Lebens prägende Erfahrungen. Glaubte man lange, auch in der Wissenschaft, nur Mütter könnten in dieser Phase der frühkindlichen Entwicklung eine Beziehung zur Umwelt für ihr Kind herstellen, wandelt sich seit einigen Jahren diese Auffassung etwas zugunsten der Väter. Man begreift, dass Väter ihren speziellen Anteil an der Entwicklung und Sozialisation ihrer Kinder haben – eine wesentliche Erkenntnis, die von zahlreichen Studien unterschiedlicher wissenschaftlicher Fachrichtungen gestützt wird.

Aktuelle Ergebnisse aus der »Väterforschung« zeigen deutlich: Der Vater beeinflusst als frühe Sozialisationsfigur wesentlich die Entwicklung seines Kindes, vor allem im kognitiven Bereich, in der Geschlechtsrollenidentität (von Söhnen und Töchtern) sowie in der Entwicklung sozialer Kompetenzen und des Selbstwertgefühls. Über die Qualität ihres Verhältnisses zur Mutter des Kindes, können Väter indirekt das Erziehungsklima, Sicherheit und Auftreten des Kindes beeinflussen.

Zwischen Vater und Kind kann schon während der Schwangerschaft ein frühes inniges Verhältnis, eine so genannte *frühe Bindung* vorbereitet werden. Das Kind reagiert bereits auf akustische Signale im

Mutterleib, also auf die Stimme und Stimmung des Vaters. Unmittelbar nach der Geburt kann der Vater beginnen, eine behutsame Beziehung zu seinem Kind aufzubauen. Entscheidend ist, wie sensibel er für die Bedürfnisse des Kindes wird und wie intensiv er die erforderliche Umsorgung und pflegerischen Tätigkeiten erlernt, die in dieser frühen Entwicklungsphase den Aufbau von Bindungen fördern (John Bowlby, 2001). Hier scheint *Qualität* des väterlichen Anteils entscheidender als seine *Quantität*.

Die Beteiligung der Väter hängt auch von den Müttern ab

Inwieweit sich der Vater beteiligen kann, hängt dabei erheblich vom Verhalten der Mutter ab. Die *Tender Years Doctrine* beherrscht die Einstellung von Müttern und Vätern. Dieses sogenannte »Gesetz der zarten Jahre« sieht die Mutter als erste Bezugsperson für das Kind in den frühen Lebensjahren – allerdings nicht als einzige Bezugsperson. Viele Frauen scheinen, zumindest während der Kleinkindphase, einen Anspruch auf umfassenden Vorrang in der Babybetreuung zu erheben, was zwischen Paaren zu einer eher traditionellen, aber seitens vieler Mütter erwünschten Rollenaufteilung führt (Michael Matzner, 1998).

Die Mutter ist in der Lage, dem Vater einen Platz einzuräumen oder ihn stark aus der frühen Beziehung zum Kind auszugrenzen (Thomas Brazelton/Bertrand Cramer, 1994) – ein Einfluss, der den Zeitraum kurz nach der Geburt betrifft und auch mit älteren Kindern zum Tragen kommen kann. Werden Väter aus der frühen körperlichen und emotionalen Betreuung des Kindes ausgegrenzt, so liegt es kaum daran, dass sie sich weniger einbringen wollen, bzw. nicht dazu in der Lage wären (Wassilios Fthenakis, 1999). Mütter entscheiden oft darüber, wie aktiv sie Väter ins Kindergartengeschehen hereinholen oder außen vor lassen.

Väter fördern soziale Kompetenzen

Prägt zu Beginn besonders ein inniger *körperlicher* Kontakt das Verhältnis zwischen Mutter und Kind, so baut sich die Bindung zwischen Vater und Kind durch einen *sozialen* Umgang auf. Hier ist entscheidend, wie der Vater sich gegenüber dem Kind verhält und welche Anreize er dem Kind im spielerischen Umgang bietet, nicht so sehr wie oft sich der Vater seinem Kind zuwendet. Die Begegnung des Kindes mit dem Vater im Spiel und die Erfahrungen, die es durch und mit dem Vater macht, üben komplexen Einfluss auf verschiedene Entwicklungsprozesse des Kindes aus.

Ein Vater hat als Spielkamerad eine besondere soziale Aufgabe für das Kind, eine »Brückenfunktion« (Jean Le Camus, 2001). Durch das häufig stärker auffordernde Spielverhalten des Mannes kann sich das Kind mit Neuem auseinander setzen und *Risikoverhalten* üben. Väter scheinen eher dazu bereit, Grenzen auszutesten als Mütter. Solche Väter fördern somit die Bereitschaft des Kindes, sich expansiv auf ungewisse Situationen einzulassen. Diese spielerischen Erfahrungen stärken das Kind in seiner Fähigkeit, sich unter Gleichen, auch im Kindergarten zurechtzufinden.

Väter leisten überdies durch ihre herausfordernde Art oft einen starken *geschlechtsstereotypen Beitrag* zur *Selbstständigkeitsentwicklung* des Kindes. Sie gestehen ihren Kindern häufig mehr Bewegungsfreiraum zu, als Mütter es tun; Väter wirken damit stark als Vorbild, insbesondere auf die Entwicklung ihrer Söhne (vgl. Fthenakis, 1985/ Le Camus, 2001). Auch auf die *kognitive Entwicklung*, besonders von Jungen, scheint der Vater in seinem Verhalten positiv zu wirken (Fthenakis, 1985).

Risikobereites Spiel zwischen Vater und Kind kann eine besondere Bedeutung für die Entwicklung des *Selbstwertgefühls* haben, wenn das Kind erfährt, dass es sich in einer riskanten Situation auf seine eigenen Fähigkeiten verlassen und eine Lösung finden kann, ohne dass der Vater überfürsorglich eingreift (Le Camus, 2001).

Väter prägen die Geschlechtsrollenentwicklung

Neuere Ergebnisse der Väterforschung zeigen, wie sehr der Vater die *Geschlechtsrollenentwicklung* des Kindes prägen kann. Sein Einfluss ist im Kindergartenalter besonders stark, dann beginnt das Kind, seine Geschlechtszugehörigkeit als stabil zu begreifen. In dieser Zeit benötigt es sowohl positive gleichgeschlechtliche wie gegengeschlechtliche Bezugspersonen, damit sich seine Identität festigen und vielseitig differenzieren kann (Verlinden, 1995).

Durch ihre unterschiedliche Art, mit einem Sohn oder einer Tochter umzugehen, fördern Mütter und Väter geschlechtstypische Aktivitäten. Jungen werden eher angeregt zu agieren, Mädchen hingegen behütend zurückgehalten. Der Einfluss von Vätern scheint hier deshalb besonders stark, weil Väter in ihrem Umgang stärker zwischen Mädchen und Jungen unterscheiden, als Mütter dies tun (Le Camus, 2001).

Die Beziehung zwischen Vater und Sohn wird oft noch durch ein besonderes Vorbild des Vaters geprägt, der durch ein dominantes positives Auftreten und eine warmherzige und aufgeschlossene Beziehung zu seinem Sohn die Imitation derartigen Verhaltens begünstigt. Bei Töchtern hingegen wirkt sich der Vater oftmals weniger intensiv auf die Geschlechtsrollenentwicklung aus – zumindest nicht in diesem frühen Alter. Sein Einfluss auf Töchter kommt erst zu einem späteren Zeitpunkt zum Tragen.

Einfluss von Vätern setzt ihre *Präsenz* für das Kind voraus. Es ist anzunehmen, dass die geschlechtsrollenstereotypen Umgangsweisen von Vätern mit ihren Söhnen und Töchtern umso intensiver sind, je weniger geduldige Aufmerksamkeit Väter ihren Kindern entgegenbringen. Die Individualität des Kindes bleibt denjenigen Vätern stärker verborgen, die sich ihrem Kind weniger ausführlich widmen. Daher neigen viele Väter anscheinend eher zur spontanen Bestätigung von rollentypischem Verhalten ihrer Kinder als Mütter. Ein weiterer Grund, weshalb Väter verstärkt in das kritische Blickfeld der Kindergartenpädagogik gehören!

2.2 Wie verändern sich Gesellschaft und Familie?

Heutige Männer und Väter unterscheiden sich stark von der Generation ihrer eigenen Väter. Ehemals gesellschaftlich und kulturell festgeschriebene Rollenvorstellungen von Mann- und Vater-Sein sind heute kaum noch gültig. Tiefgreifende gesellschaftliche Wandlungsprozesse und ihre Auswirkungen auf Familie haben sich auf das Selbstverständnis und die Handlungsbereitschaft von Männern und Vätern ausgewirkt. Volz und Zulehner belegten diesen Wandel 1998 anhand der Ergebnisse ihrer Studie »Männer im Aufbruch. Wie Deutschlands Männer sich selbst und wie ihre Frauen sie sehen.« Laut dieser Studie entspricht nur noch ein Prozentsatz von 19% dem »traditionellen Männerbild«. 20% hingegen werden dort als »Neue Männer« beschrieben. Diese wollen sich, weg von ihrer isolierten Rolle des Familienernährers, hin zu mehr Verantwortung innerhalb der Familie bewegen. Weitere 60% der Männer werden nach jener

Studie in die Kategorien »pragmatischer Mann« bzw. »unsicherer Mann« eingestuft, eine Mehrheit, die es für Innovationen zu gewinnen gilt.

Wie engagiert sich Väter innerhalb ihrer Familien bewegen, ist abhängig von verschiedenen Einflussfaktoren. Allgemeine gesellschaftliche Veränderungsprozesse (→ Kap. 2.2.1) hinterlassen ihre Spuren in Familien und beeinflussen Veränderungen in der Lebensgestaltung eines jeden Einzelnen in der Familie (→ Kap. 2.2.2). Ob und wie Männer und Väter stärker im Kindergarten angesprochen werden können, hängt zusätzlich entscheidend davon ab, mit welchem Bildungsverständnis sie diesen Veränderungen begegnen(→ Kap. 2.2.3).

2.2.1 Gesellschaftliche Veränderungen

Globale gesamtgesellschaftliche Wandlungsprozesse verändern Normen, Chancen und Grenzen für die Gestaltungen von Familie, so dass sich familiäre Belange kaum noch nach dem Willen Einzelner regeln lassen. Charakterisieren lassen sich diese Prozesse durch einflussreiche Trends unserer Zivilisation: Als *Globalisierung, Digitalisierung, Pluralisierung und Individualisierung* greifen sie tief in individuelle, kulturelle, wirtschaftliche, soziale und ökologische Fundamente und Entwicklungen ein.

Interkulturelle Annäherungsprozesse und wirtschaftliche Globalisierung wirken sowohl positiv als auch negativ auf Arbeitswelt, Individuum und Familie. Neue Strukturen und Werte entstehen, durch die alte bestehende Bindungen aufbrechen und neue Lebensformen neben vertraute treten. Prozesse der Digitalisierung und der Einfluss von Informations- und Kommunikationstechnologien führen zu weltweiter Vernetzung auf wirtschaftlicher und kultureller Ebene sowie zu virtuellen Lebenszonen. Der Mensch wird davon nachhaltig in seinen Arbeits- und Lebensbedingungen beeinflusst.

Wandel der Arbeitswelt

Der Druck auf Arbeitnehmer und ihre Angehörigen nimmt zu, wenn sie aufgrund technologischer Entwicklungen immer schneller und flexibler auf Anforderungen der Arbeitswelt zu reagieren haben, um konkurrenzfähig zu bleiben oder um den Profit zu steigern. Technische Neuerungen und Rationalisierung führen zum Abbau von Arbeitsplätzen, in deren Folge derzeit das Angebot an Erwerbsplätzen zurückgeht, begleitet von massiven Unsicherheiten im Sozial- und Familienleben. Rasante Innovationen im Bereich der Informations- und Kommunikationstechnologien beeinflussen den Arbeitsmarkt dahingehend, dass verstärkt qualifizierte lern- und anpassungsfähige Mitarbeiter benötigt werden, wogegen ein Rückgang bei mittleren bis leichten Qualifikationen zu verzeichnen ist. Spezialisierung auf die ständig wechselnden Anforderungen der technologischen Entwicklungen nimmt zu. Die Schnelligkeit, mit der Informationen und Kontrolldaten heute verfügbar sind, prägt das Tempo und die Unsicherheit in der Arbeitswelt. Sie schlägt sich auf sämtliche Wirtschafts- und Lebensbereiche nieder, fordert den Menschen und seine Beziehungsnetze auf, angemessen kreativ darauf zu reagieren (Dirk Heuwinkel, 1999). Wir leben also in einer »Informations- und Wissensgesellschaft«, die temporeiche, vielfältige Engpässe und Chancen für die Menschen bereithält.

Neue Anforderungen an die Einzelnen

Die beschleunigte Arbeitswelt bringt hohe Forderungen an die persönliche *Mobilität* und an die kurzfristige Egotaktik des Einzelnen mit sich, was eine langfristige Beziehungsgestaltung erschwert. Eine einzige Ausbildung reicht zudem kaum mehr aus. Lebensbegleitendes Lernen wird gefordert und zunehmend wechseln sich Phasen von Erwerbstätigkeit und Weiterbildung ab. Mobilitätsbereitschaft fördert die Ausdehnung des Tätigkeitsbereiches. Durch Vernetzung elektronischer Produktionssysteme, Internet und Handy wird flexibleres Arbeiten an beliebigen Orten (einschließlich der eigenen Wohnung) möglich und nötig. Andererseits führt diese Entwicklung dazu, dass man überall erreichbar ist und jederzeit zur Verfügung stehen kann (Thomas Gesterkamp, 2002).

Es bedarf besonderer Organisation, wenn *Mann* den eigenen beruflichen Belangen neben den Berufs- und Beziehungsbedürfnissen seiner Partnerin und Kinder gerecht werden will. Ein Problem, dem auf gesellschaftlicher und beruflicher Ebene unter anderem mit Analysen und Maßnahmen des »Gender-Mainstreaming« (→ Kap. 1.4) nachgegangen werden soll.

Hermann Bullinger beschreibt vor dem Hintergrund des gesellschaftlichen Wandels die zwiespältige Rolle des Vaters zwischen Tradition und Wandel:

»Das männliche Leiden an der Vaterrolle birgt in sich zwei grundsätzlich widersprüchliche Tendenzen. Die eine Tendenz wirkt in Richtung auf die Veränderung des Bestehenden und die Schaffung und Erschließung neuer Perspektiven und Möglichkeiten. Die andere Tendenz drängt dahin, das Bestehende aufrechtzuerhalten und das Leiden durch das Festhalten an der unhinterfragten Selbstverständlichkeit der alten Leitbilder zu vermeiden oder zu verdrängen.« (Bullinger, 1996)

> Globalisierung, Digitalisierung, Pluralisierung und Individualisierung kennzeichnen westliche Gesellschaften. Gleichzeitig werden diese demokratischer, die Geschlechterbeziehungen gleichberechtigter, Frauenerwerbsarbeit nimmt zu, allerdings auch Konkurrenz und Stress am Arbeitsplatz bei schwindender Zahl der Erwerbsplätze. All das führt dazu, dass die klassische Position des Mannes als Ernährer und somit als Oberhaupt der Familie überholt ist und an ihrer Stelle *Partnerschaft, Verhandlungsgeschick und Kompromissbereitschaft* gefordert sind.

2.2.2 Veränderungen in der Familie

Parallel, bedingt durch gesamtgesellschaftliche und globale Entwicklungen, erlebt die Familie heftige Umwälzungen. Das Aufbrechen traditioneller Rahmenbedingungen eröffnet dem Einzelnen mehr Möglichkeiten, sein eigenes Leben zu gestalten. Bestehende Grenzen verändern sich und jeder erlebt für sich neue Perspektiven und Möglichkeiten. In diesem Zuge entwickelt sich eine »Pluralisierung« von Lebensformen.

Nicht mehr allein die Familie, bestehend aus Vater, Mutter, Kind ist die Regel für Lebensgemeinschaften. Durch Scheidung und Wiederheirat werden Familien neu gebildet, die Zahl Getrennt- und Alleinerziehender, alternativer und vorübergehender Gemeinschaften wächst. Im Zuge dieser Pluralisierung gesellschaftlicher Normen vollzieht sich mehr und mehr ein Wandel: weg von einer vorgezeichneten Normalbiographie mit verinnerlichten Geschlechtsrollen, hin zu einer einzigartigen, individuellen Wahlbiographie (Ulrich Beck/Elisabeth Beck-Gernsheim, 1990). Jedes Elternpaar kann und muss sich einen eigenen Plan vom Leben mit Kindern erarbeiten, und das so früh wie möglich.

Harald Werneck (1997) analysiert Risikobereiche in den ersten Lebensjahren des Kindes, die negative Konsequenzen für die Partnerschaft nach sich ziehen können. Zu den belastenden Einflüssen zählen demnach:
- Ungeplantheit der Schwangerschaft
- Unvermittelte Änderungen im Selbstkonzept der Frau (sich zum Beispiel nur noch als »Mutter« zu sehen, gemeinsame Freizeitinteressen aufzugeben, überhöhte Sicherheitsbedürfnisse zu entwickeln)
- Geringes Alter der Frau
- Ein vom Mann als negativ erlebter Verlauf der Schwangerschaft.

Im familiären und sozialen Umfeld heutiger Familien gibt es aber auch positive Faktoren, die als sogenannte »Verstärker« oder »Gratifikationen« die Vateridentität durchaus günstig beeinflussen. Dazu zählen:
- Die eigene soziale Identität durch das Kind zu erleben (als Mann nun erwachsen zu sein)
- Sich durch das Kind bereichert zu fühlen
- Nachkommen für die eigene Familie zu haben
- Eine emotionale Bindung an das Kind zu entwickeln
- Durch das Kind an Status und Prestige zu gewinnen.

Solche Faktoren sind in der Bildung und Beratung von heutigen Vätern – also auch in der Elternarbeit im Kindergarten – zu berücksichtigen.

2.2.3 Veränderungen begegnen durch Bildung und Austausch

Eine Antwort auf zunehmende Individualisierung und Pluralisierung ist die gezielte *lebenslaufbegleitende Bildungsarbeit* mit Familien, insbesondere mit Vätern. Das Leben in einer Familie führt ihre Mitglieder von Zeit zu Zeit in verstärkte Wandlungsprozesse. In der Familienpsychologie werden diese Übergänge als Transitionen bezeichnet

(→ Kap. 1.1). Bezeichnend für derartige Übergänge ist »die Notwendigkeit, die Identität des/der Einzelnen und der Familie als Ganzes neu zu definieren« (Robert Richter/Martin Verlinden, 2000). Männer zeigen in jenen Transitionen ebenfalls ein gesteigertes Orientierungs-, Informations- und Austauschbedürfnis und nehmen dann organisierte Lernangebote eher an.

Väter stehen ebenso wie Mütter den Veränderungsprozessen in der Familie mit gemischten Gefühlen gegenüber. Dadurch bieten sich Gelegenheiten, die eigene Rolle als Vater zu prüfen und neu zu gestalten. Institutionen, die im Rahmen der Transitionen in die familialen Entwicklungen eingreifen können wie zum Beispiel Familienbildung, Beratung oder Kindergarten haben die große Chance, Väter und Mütter bedarfsorientiert zu begleiten und zu unterstützen.

Das Bildungsverständnis von Männern beachten

Männer sind bisher in diesbezüglichen Bildungsangeboten von Volkshochschulen und Familienbildungsstätten deutlich unterrepräsentiert. Zurückzuführen ist diese *Bildungsabstinenz* zum einen auf eine geringe Tradition in der Männerbildung (im Vergleich zur Mütterbildung, deren Einfluss auf die Familienbildung maßgeblich war), zum anderen ist Bildung im Verständnis der Männer in der Regel auf berufliche, kompetenzerweiternde Bildung ausgerichtet. Zudem gibt es kaum männliche Fachkräfte, die sich auf Väterbildung verstehen.

Diese Gesichtspunkte sind von Erzieherinnen zu berücksichtigen, wenn sie Väter nachhaltig vom Kindergarten aus erreichen wollen. Aus der Erwachsenenbildung ist bereits bekannt, dass Männer sich anscheinend lieber von Männern »etwas beibringen« lassen. Vor diesem Hintergrund wäre es wünschenswert, wenn es bald gelänge, mehr männlichen Erziehern das Arbeitsfeld Kindergarten schmackhaft zu machen.

2.3 Wie können Väter im Kindergarten unterstützt werden?

Die entwicklungspsychologische Bedeutung des Vaters für das Kind ist nicht nur theoretisch zu erörtern, sondern muss im Familienleben erkannt und positiv genutzt werden. Der Kindergarten hat in diesem Zusammenhang den Auftrag, diejenigen Väter und Familien zu unterstützen, die sich an »neue Vaterschaft« heranwagen und sich dafür einsetzen wollen. Fachkräfte in den Einrichtungen haben hier die Möglichkeit, erziehungsinteressierte Väter in Angebote des Kindergartens einzubinden, um ihnen dort einen eigenverantwortlichen Spiel- und Handlungsraum zum Wohl des Kindes bereitzustellen.

Väter und Familien befinden sich im Wandel, diesen tiefgreifenden Veränderungen hat sich die Institution Kindergarten wegen ihres familienergänzenden und unterstützenden Auftrages zu stellen (vgl. die jeweiligen Ländergesetze zum Auftrag des Kindergartens, z.B. Erna Moskal/Sibrand Foerster, 1999, dort z.B. § 2 Abs. 1 GTK NRW). Der Wandel geschlechtlicher Rollenbilder ist im Kindergarten aufzugreifen. Väter sind somit besonders darin zu bestärken, sich für Kind und Partnerschaft zu engagieren.

Gewachsene, zeitliche und organisatorische Rahmenbedingungen und Strukturen im Kindergarten können kaum von heute auf morgen zugunsten von Vätern verändert werden. Dennoch liegt es in der Entscheidung der Fachkräfte, Vätern zukünftig deutlicher, flexibler und offener zu begegnen.

Es gilt, Väter wahrnehmen zu lernen und sich ihnen in der Kommunikation stärker zu öffnen. Das bedeutet vor allem, Sichtweisen der Väter zu berücksichtigen, Väter untereinander bekannt zu machen und Väter selber im Kindergarten aktiv werden zu lassen – so wie es für Mütter schon sehr lange üblich ist. Der Kindergarten kann Vätern einen pädagogisch gestalteten Raum bieten, in dem sie ihr wachsendes Verständnis von Vatersein gemeinsam entwickeln können.

3 Zusammenarbeit mit Vätern

Väter fehlen vielerorts, nicht nur im Kindergarten. Aber hier wie in anderen Bereichen der Jugendhilfe haben sich für sie bisher kaum attraktive Brücken und Türen geöffnet; sowohl in Familienbildung als auch in Familienberatung sind sie immer noch Mangelware.

Von Anfang an geben Väter dem heranwachsenden Kind wichtige Impulse, wie im vorangegangenen Kapitel skizziert wurde (→ Kap. 2.1). Trotzdem berücksichtigen zu wenige Fachkräfte im sozialpädagogischen Bereich das aktive Mitwirken der Väter während der ersten Jahre. Sie blicken traditionell fast ausschließlich auf Mütter und sind für Väter nur selten in gleichem Maße sensibel. Bis heute haben Pädagoginnen offenbar kaum Ebenen aufgebaut, auf denen sie Väter wahrnehmen, ihnen begegnen und sie erreichen. Entsprechend schwer fällt es den zunehmend interessierten Vätern, im Kindergarten Fuß zu fassen, sich dort einzulassen oder zu beteiligen. Eine professionelle sozialpädagogische Zusammenarbeit mit ihnen ist jedoch möglich. Sie ist insbesondere mit den Vätern erfolgversprechend, deren Kinder neu in den Kindergarten kommen. Daher wäre es wünschenswert, eine solche Zusammenarbeit mit Vätern als ein zukünftig gesellschaftlich bedeutsames Qualitätsmerkmal der pädagogischen Arbeit im Kindergarten aufzufassen und konzeptionell zu verankern.

Erste konzeptionelle Schritte

Konzeptionelle Schritte hin zu einer gleichberechtigten Elternarbeit sind im Folgenden speziell auf Väter zugeschnitten. Auch wenn dadurch der Fokus zeitweise auf sie gerichtet ist, ist zu betonen, dass die Zusammenarbeit mit Müttern ebenso wertvoll ist. Die genannten Schritte gelten prinzipiell auch für sie.

- **Konsens im Team erzielen:** In einem ersten Schritt ist im Team und mit der Fachberatung darüber *Konsens* zu erzielen, dass in der Kindergartenpraxis aktive Väter und aktive Mütter gleichermaßen erwünscht sind. Ein Start, um Väter besser wahrzunehmen und dem sozialpädagogischen Auftrag gerecht zu werden.
- **Situationsanalyse erstellen:** Eine entsprechende *Situationsanalyse* sollte aufdecken, wo Väter und Mütter im Kindergartengeschehen (nicht) beteiligt sind.
- **Begegnungen ermöglichen:** Erzieherinnen bieten Vätern die Chance, sich im Kindergarten zu begegnen und sich mit dem Umfeld und den dortigen Fachkräften vertraut zu machen. Der Erfolg solcher Angebote für Väter und Fachkräfte steht und fällt mit guter *Planung und Organisation* und kontinuierlicher *Auswertung*.
- **Spielräume schaffen:** Väter brauchen mehr Spielräume, um die vielfältige, vor allem die soziale und emotionale Erziehungsarbeit im Kindergarten zu erleben. Das heißt für Väter: die respektvolle Arbeit des Kindergartens für die Entwicklung des Kindes wahrzunehmen, praktisch daran teilzunehmen, dazu Stellung zu nehmen, etwas von ihr zu übernehmen und sie nach außen zu vertreten (Martin Verlinden/Karl Haucke, 1995).

3.1 Kernaufgaben der Väterarbeit

Um interessierte und engagierte Väter vom Kindergarten aus besser zu erreichen, können Fachkräfte *vier Kernaufgaben der Väterarbeit* in den Vordergrund stellen:
- **Väterfreundliche Signale von Anfang an aussenden**
  - damit Väter sich in der Einrichtung wahrgenommen fühlen.
- **An Fähigkeiten von Vätern anknüpfen**
  - damit Väter sich den Erwartungen gewachsen fühlen.
- **Den Alltag von Vätern aufgreifen**
  - damit Väter sich selbst treu bleiben können.
- **Verstehen wie Väter Kind und Familie sehen**
  - damit Väter ihre Sicht von Kind, Partnerin und Vaterrolle mitteilen und entwickeln.

Väterfreundliche Signale von Anfang an aussenden

Da Väter derzeit nur selten aus eigener Initiative den ersten Schritt auf Fachkräfte zugehen, ist von Anfang an nach ihnen zu fragen. Das zeigt ihnen und den Müttern von vornherein deutlich, dass fachliches Interesse an Vätern im Kindergarten besteht.

Väter möchten persönlich angesprochen werden. Zumindest in Einladungen und sonstigen Schreiben sollte statt »*Liebe Eltern*« geschrieben stehen: »*Liebe Mütter, liebe Väter...*«, »*Liebe Frau..., Lieber Herr...*«. So werden Väter mit ausdrücklicher Einladung eher an Aufnahmegesprächen oder vertiefenden Gesprächen über ihr Kind teilnehmen.

Ein offenes und freundliches »Hereinbitten der Väter« darf jedoch nicht in wortreicher Theorie verharren. Angesprochene Väter sollten die praktische Möglichkeit bekommen, sich im Kindergarten mit ihrer Einmaligkeit nützlich zu machen.

An Fähigkeiten von Vätern anknüpfen

Der Zugang zu Vätern wird erleichtert, wenn Fachkräfte Anknüpfungspunkte in niedrigschwelligen Bereichen wählen. Das sind Bereiche, die Väter als eigene Stärken ansehen, in denen sie sich gerne herausfordern lassen. Zu »vätergemäßen«, niedrigschwelligen Angeboten zählen handwerkliche Betätigungen und berufsnahe Aufgaben in der Einrichtung, aber auch spielerische Angebote mit dem Kind. Wesentlich dafür ist es, *ressourcenorientiert* dort anzusetzen, wo Väter abgeholt werden möchten. Welche Erfahrungen, Fähigkeiten, Wünsche und Ansichten sie mitbringen, wäre demnach vorrangig zu berücksichtigen. Nach ersten Kontakten dürfte es möglich sein, Wünsche der Väter zu erfragen oder beispielsweise über einen kurzen Fragebogen festzustellen und daran mit gemeinsamen Angeboten anzuschließen.

Den Alltag von Vätern aufgreifen

Den Alltag von Vätern aufzugreifen, erleichtert den Vätern die Teilnahme. Egal wie anregend Angebote getextet sind, um das Interesse der Väter zu wecken, sie werden kaum angenommen, wenn sie zu einem Zeitpunkt stattfinden, an dem Väter beruflich unabkömmlich oder in typischen Hobbys eingespannt sind. Dieser Aspekt ist zu berücksichtigen, da sonst nur wieder diejenigen Mütter in der Elternarbeit mitwirken, die tagsüber erreichbar sind.

Angebote auf das Wochenende zu legen oder Väter selber den Termin auswählen zu lassen, trägt dazu bei, dass Väter sie annehmen, an ihnen Teil haben und dazu Stellung nehmen. Auch dann sind typische Freizeitinteressen von Vätern einzubauen, z.B. eigener Sport am Wochenende oder Sportübertragungen im Fernsehen. Eine TV-Übertragung eines Länderspiels ließe sich beispielsweise einer Grillparty von Vätern als Auftakt voranstellen.

Die Balance von Vätern zwischen Beruf und Freizeit ist für die gezielte Auswahl eines Veranstaltungszeitraumes zu berücksichtigen; um Väter zu einer inhaltlich *familienbezogenen Teilnahme* zu motivieren, braucht es jedoch mehr als nur eine passende Uhrzeit, da ist Verständnis für die Einstellung der Väter zur Vaterschaft zu entwickeln.

Verstehen, wie Väter Kind und Familie sehen

Erzieherinnen haben häufig den Eindruck, dass in der Kindererziehung »Mütter traditionell die Oberhand in der Familie« besitzen und »die Autorität in der Familie« beanspruchen. Mütter können sich sozusagen als Interpretinnen und soziale Trainerinnen ihrer Männer fühlen und konkret die Belange des Vaters gegenüber Kind und Kindergarten bestimmen oder einengen.

Väter, die sich im Kindergarten engagieren möchten, sollten dazu eigene Möglichkeiten erhalten und mitgestalten. Es ist daher bedeutsam, Vätern mit offenen Augen und Ohren zu begegnen und sensibel zu werden für ihr individuelles Familienverständnis, das sich oft in spannender Weise von dem der Mütter unterscheidet.

Wenn Väter kommunikative, handwerkliche und spielerische Angebote annehmen oder gemeinsam Bilderbücher ansehen (Meyn-Schwarze, 2003 ff.) und ihre Kinder im Kindergarten erleben, dann sind diese Angebote Brücken zu ihrem Verständnis von Kind und Familie.

> Das Kind verbringt einen großen Teil seines Tages im Kindergarten, Väter möchten diese Erfahrung mit ihrem Kind teilen und sie in ihr eigenes Konzept von Familie einbauen.

3.2 Vorschläge für eine vielseitige Zusammenarbeit

Wer die Zusammenarbeit mit Vätern verstärken möchte, findet im Folgenden einige grundsätzliche Vorschläge. Angelehnt an übliche Formen der Elternarbeit (→ Kap. 1.3) wird darin nachgezeichnet, wann und wie wertvolle Kontakte zwischen Erzieherinnen und Vätern entstehen können. Diese Vorschläge werden im darauf folgenden Kapitel durch Praxisbeispiele vertieft.

Erste Begegnungen mit Vätern

Fachkräfte, Väter und Mütter gewinnen beim ersten Aufeinandertreffen wichtige Eindrücke voneinander. Dieser erste Eindruck wirkt sich meist entscheidend darauf aus, ob und wie weitere Zusammenarbeit, Kommunikation und Elternarbeit – insbesondere Väterarbeit – im Kindergarten gelingen.

Erste Begegnungen fallen leichter, wenn Fachkräfte das Image und Leitbild des Kindergartens kennen, es pflegen und von Anfang an konstruktiv gegenüber Vätern vertreten. Dazu gehört wahrzunehmen, wann und wo Väter erstmals dem Kindergarten und dem Personal begegnen, z.B. anlässlich öffentlicher Feste und Feiern, zu denen Eltern mit Säuglingen Zugang haben, oder bereits in Geburtsvorbereitungskursen, die in den Räumen des Kindergartens angeboten werden.

Meinung der Väter einholen

Eine Fachkraft sollte schon im allerersten Gespräch an der familiären Situation, an Lebensumständen des Kindes und an Wünschen des Vaters und der Mutter interessiert sein. Im ersten Kontakt, der oft der Anmeldung des Kindes gilt, ist es sinnvoll, dass Erzieherinnen sich bei Müttern und Vätern informieren und deren Meinungen einholen. Väter gehen anders mit ihrem Kind um und nehmen es anders wahr als Mütter (→ Kap. 2.1). Fachkräfte können frühzeitig Sichtweisen von Vätern erfragen und zugunsten des Kindes berücksichtigen. Väter spüren dieses Interesse an ihnen. Es bestätigt sie darin, ihr Kind und sein Umfeld aufmerksam zu begreifen. Mancher Vater sucht seinerseits nach Anhaltspunkten dafür, ob der Kindergarten und das Personal geeignet sind, sein Kind zu stärken und zu bereichern. Hierfür gewinnen insbesondere das Image des Kindergartens (zum Beispiel Ruf, Gebäude, Ausstattung) und das Auftreten der Fachkräfte (zum Beispiel Entgegenkommen, Fachkenntnisse, Ziele) an Gewicht.

Väter ausdrücklich einladen

Eine gleichwertige Kontaktaufnahme zu beiden Elternteilen erfordert, ausdrücklich Vater *und* Mutter zum Anmeldegespräch einzuladen. Für dieses Erstgespräch kann ein stichwortartiger Leitfaden entwickelt werden, mit Fragen und Impulsen, die auch den Vater ansprechen. So lassen sich Informationen speziell für Väter bereit halten, z.B. über Grundsätze und Leitbild des Kindergartens, über Mitwirkungsbereiche, Nutzung der Einrichtung und ihren Vernetzungspartnern.

Für kommunale Kindergärten ist es teilweise üblich, Plätze relativ zentral und anonym durch das Jugendamt zu vergeben. Besonders dann setzt ein Anschreiben des Kindergartens, das ausdrücklich an »Mutter *und* Vater« des aufzunehmenden Kindes gerichtet ist, ein konkretes erstes Signal an Väter: »Komm, beteilige dich hier!« (→ Kap. 4.1.2).

Tür- und Angelgespräche mit Vätern

Wenn Fachkräfte bereits in den ersten Begegnungen Vätern und Müttern interessiert begegnen, fällt es später in alltäglichen Kontakten und Gesprächen, etwa beim Bringen und Abholen des Kindes, leichter einander anzusprechen. Vor dem Eingang des Kindergartens können so Gespräche der Väter untereinander an Themen anknüpfen, die von Fachkräften kurz vorher angeregt wurden. Tür- und Angelgespräche mit Vätern unterstützen den Aufbau positiver Kontakte zu ihnen und erleichtern künftige schwerere Gesprächssituationen. Erzieherinnen zeigen dadurch deutlich, dass sie die Väter bemerken und willkommen heißen. Selbst wenn diese kurzen, informellen Gespräche kaum mehr als ein Gruß sind oder ein Austausch von Ansichten über Wetter und passende Kindergarderobe, nehmen Fachkräfte dabei Kontakt auf zu den ihnen weniger bekannten Vätern.

Falls ein Vater oder eine Mutter gesprächiger ist, wenn die »bessere Hälfte« nicht dabei ist, bieten sich informelle Tür- und Angelgespräche geradezu als kommunikationsstiftende Chance an. Sie helfen insbesondere den selten anzutreffenden Vätern, über den Tagesablauf und -rhythmus ihrer Kinder zu reden, ihn zu verstehen und stärker mitzugestalten (→ Kap. 4.2.1).

Vertiefende Gespräche mit Vätern

Vertiefende Gespräche über die Entwicklung des Kindes sind im Verlauf der Kindergartenzeit angebracht. Sie sollten sowohl informativ und einfühlsam als auch beratend wirken. Väter sind an diesen vertiefenden Elterngesprächen zu beteiligen, selbst wenn sie sich im Beisein der Partnerin auffällig zurückhalten oder versuchen, bis kurz vor dem Übergang des Kindes in die Schule unsichtbar zu bleiben. Fachkräfte können sich auf Gespräche mit Vätern vorbereiten, sich zum Beispiel mit Kolleginnen austauschen, denen bereits Geschwisterkinder oder Nachbarn bekannt sind und die dadurch zum Verständnis der jeweiligen Familie beitragen können.

Gespräche erleichtern das Verständnis für das Kind

Wenn Erzieherinnen sich in diesen Gesprächen über das Kind für die Ansichten des Vaters genauso interessieren wie für die Ansichten der Mutter, dann kann das die väterliche Erziehungsbereitschaft fördern. Der Vater wird sensibler für sein Kind, wenn er im Gespräch Stärken und Eigenschaften des Kindes, dessen Bedürfnisse und Entwicklungsschritte erfährt und selber benennen kann. Je frühzeitiger Fachkräfte Positionen von Vater und Mutter herausfinden, umso einfühlsamer dürften individuelle Absprachen und notwendige Hilfen für das Kindergartenkind ausfallen. Diese Sicht auf Eltern lenkt die Fachkräfte anscheinend von ihrem Fokus auf das Kind ab, erleichtert ihnen jedoch in der Tat ein Verständnis für das Kind und die Bedingungen, unter denen es aufwächst.

Verläuft dieser Austausch in einer vertrauensvollen und ermutigenden Atmosphäre, fällt es Vätern leichter, eigene Positionen zu formulieren und neue Ansichten der Fachkraft anzunehmen. Solche Gespräche bergen die Chance, gemeinsame Interessen unter Vätern zu erkennen. Wenn Fachkräfte Alltagsbedürfnisse von Vätern und Müttern in der Balance zwischen Beruf, Familie und Freizeit begreifen, erleichtern sie auf lange Sicht ihre sozialpädagogischen Aufgaben und Erfolge (→ Kap. 4.2.3).

Väter an Elternabenden

Obwohl viele Elternabende als informative Treffen und Gesprächsrunden für alle Eltern eines Kindergartens oder einer Kindergartengruppe gedacht sind, »verirren« sich die wenigsten Väter dorthin. Das mag an einer für Väter wenig ansprechenden *Auswahl von Themen* liegen, die möglicherweise den jeweils aktuellen Lebenssituationen von Vätern mit ihren Kindern wenig gerecht wird. Selbst wenn viele Elternabende ihren traditionellen Ablauf – Frontalvortrag mit anschließender Diskussion – abgelegt haben, fehlen noch vielfach Themen, von denen Väter sich direkt angesprochen fühlen. Unter Erzieherinnen wird derzeit leider noch als selbstverständlich hingenommen, dass viele Väter solchen Angeboten fern bleiben.

Was bedeutet »sich bilden« für Männer?

Für die meisten Männer bedeutet »sich bilden« entweder »Kompetenzen gewinnen« oder »Unfertige werden belehrt« (→ Kap. 2.2.3). Männer fragen sich bei Bildungsveranstaltungen: »Was lerne ich da, wie sehr bringt mich das weiter?« und »Was nehmen die anderen an, wo ich stehe, was ich noch zu lernen habe?« Elternveranstaltungen sind umso attraktiver für Väter, je eindeutiger deren Anlass und der zu erwartende Lerngewinn formuliert sind. Am Thema »15 wichtige Fragen für Eltern vor der Entscheidung zur Einschulung« haben Väter eher Interesse als an unbestimmten Treffen mit irgendwelchen Eltern zum Thema »Das Spiel als Weg zur Welterschließung«.

Eine Einladung zum Elternabend darf bei Vätern auch nicht den Eindruck erwecken, sie hätten Schwächen oder Mängel, die in dieser Runde zur Sprache kämen. Der Titel »Wenn Eltern aus der Haut fahren« klingt weit weniger attraktiv als »Wie wir die Kraft trainieren, mit Kindern geduldig zu bleiben«. Ansprechend gestaltete persönliche Ankündigungen nennen ausdrücklich die Väter – nicht nur die Eltern – und weisen zudem auf die besonderen Vorteile einer Teilnahme hin »wir erhalten neue Einblicke in...«. Interessante Resonanzen bringen auch abendliche Treffen und Angebote *nur* für Väter (vgl. Richter/Verlinden, 2001) (→ Kap. 4.3.2).

Väter bei Hospitationen

Männer sind ebenso wichtige wie seltene Bezugspersonen im Kindergarten. Erscheinen sie dort, sind sie für Kinder nahezu so interessant wie Weltstars für ihre Fans. Die männlichen Fachkräfte im Kindergarten können ein Lied davon singen. Auch Väter sammeln solche positiven Erfahrungen dort, dennoch verweilen sie meist nur ein paar Minuten in der Einrichtung. Nach Ansicht vieler Frauen liegen die Gründe in »männlichen Hemmschwellen« und »Drückebergertum vor infantilem Kleinkram«. Sie berücksichtigen selten, dass das Fehlen der Väter unter anderem das Resultat einer »mütterlich-weiblichen Übermacht« im Kindergarten sein könnte.

Berufliche Verpflichtungen dürften dagegen kaum ein Hinderungsgrund sein, vormittags oder nachmittags an Hospitationen teilzunehmen. Die meisten Väter können es mit ihrer Arbeitszeit vereinbaren, ob mit Schichtarbeit, Gleitzeit, Teilzeit, Überstundenausgleich oder Resturlaub. Viele Arbeitgeber werden von Jahr zu Jahr familienfreundlicher oder warten nur darauf, dass Väter ihren Bedarf anmelden. Schließlich sollten sich Väter die Erfahrung nicht entgehen lassen, bei einem Besuch konkret den Kindergartenablauf mitzuerleben und sich währenddessen als positives männliches Rollenvorbild für die Mädchen und Jungen zu erfahren.

Konkrete Aufgaben

Väter brauchen eine persönliche Einladung zur Hospitation und eine konkrete Aufgabe. Das könnte zum Beispiel eine Beobachtungsaufgabe sein, wie: »Was sind heute die beliebtesten Spiele und GefährtInnen ihres Kindes im Freispiel?« Über ihre Beobachtungen sollten sie sich anschließend mit der Erzieherin austauschen. So gestaltet die Fachkraft Hospitationen für Väter attraktiv und effektiv. Allerdings sind Hospitationen der Eltern in der Kindergartenpraxis generell selten.

Niedrigschwellige Angebote

Zugang zu Vätern mit ihren Kindern bieten vor allem niedrigschwellige Angebote – auch und besonders an Wochenenden. Durch attraktive gezielte Aktionen öffnen sich für Väter Zugänge zum Kindergarten und zu dortigen Tagesabläufen. Denkbar wären Angebote, in denen sich Väter spielerisch zurechtfinden, beispielsweise eine »Vater-Kind-Rallye« innerhalb und im Umfeld des Kindergartens. Ein offenes »Vater-Kind-Frühstück« und gut vorbereitete gemeinsame Spielaktionen für Väter mit ihren Kindern scheinen ebenfalls vielversprechend (→ Kap. 4.4).

Besondere Aktionen mit Vätern und Kindern

Viele Fachkräfte glauben, dass sie Mütter und Väter kaum darin unterstützen, ihre Rolle zu entdecken. Für ein gleichberechtigtes Miteinander der Eltern in der Kindergartenarbeit ist es jedoch wünschenswert, Väter und Mütter gezielt in Angebote einzubeziehen, die ihrer Rollenbalance gelten. Hierzu gehören beispielsweise Angebotstitel wie: »Elternzeit als Chance«, »Rechte berufstätiger Eltern in der Balance Beruf-Familie«, »Zeitmanagement berufstätiger Eltern«, »Schritte zur Rückkehr in den Beruf nach der Elternzeit«, »Wie ein Kindergartenkind Pflichten spielerisch annimmt«. Für besondere Aktionen mit Vätern und Kindern sind darüber hinaus einige Hinweise zu beachten.

- **Keine aufwändigen Großaktionen:** Elternarbeit sollte sich von vereinzelten, aufwändigen, exotischen »sozialpädagogischen Großaktionen« verabschieden und stattdessen Väter darin unterstützen, ihre fördernden Erziehungsfähigkeiten aktiv und nachhaltig für das Kind einzusetzen.
- **Erlebnisorientierter Bildungsansatz:** Angebote sind umso interessanter für Väter, wenn sie einen »erlebnis- und ergebnisorientierten« Bildungsansatz berücksichtigen (Oskamp, 2002).
- **Persönliche Ansprache:** Mit Spielangeboten an Vater und Kind erreichen Fachkräfte die Väter konkret, aber nur wenn sie diese persönlich ansprechen und zu sorgfältig gewählten Zeiten einladen. Dadurch zeigen Fachkräfte deutlich, dass sie Angebote auf die Möglichkeiten von Vätern abstimmen.

Besonders vielversprechend scheint eine gezielte Ansprache von »Vätern neuaufgenommener Kinder«. Väter finden einen positiven Zugang über ein »Vater-Kind-Spieltreffen«, bei dem sie – mit der Hilfe ihrer Kinder – in kleinen Schritten den Kindergarten kennen lernen (→ Kap. 4.5). Vielleicht fühlen sich diese Väter durch handwerkliche Aktionen wie etwa »Papa repariert unser Spielzeug« angesprochen und können andere neuaufgenommene Väter dabei kennen lernen (→ Kap. 4.3.3).

Öffnung ins Gemeinwesen

Für viele Kindergärten scheint es bis heute nicht sonderlich bedeutsam, sich dem Gemeinwesen zu öffnen, gemessen an den seltenen Kontakten zu Eltern, deren Kinder unter drei bzw. über sechs Jahre alt sind. Dies zeigt sich ebenfalls an den wenigen Vernetzungen mit anderen Organisationen im sozialpädagogischen Feld. Insbesondere tauschen Fachkräfte verschiedener Kindergärten desselben Viertels kaum Erfahrungen über »Erfolge in der Zusammenarbeit mit Vätern und Müttern« aus.

Fachkräfte können sich Vätern und Müttern mit »Noch-Nicht-Kindergartenkindern« bereits sehr früh öffnen, indem sie vor allem Angebote von Familienbildungsstätten innerhalb der Kindergartenräume zulassen. Umfangreichere Feste und Feiern eines oder mehrerer Kindergärten wie Erntedankfest, Laternenumzug, Basare, Karneval, Aufführungen und Sommerfest würden so für mehr Familien im umgebenden Sozialraum zugänglich gemacht. Informative Artikel zu derartigen geselligen Anlässen dürften im Regionalteil von Tageszeitungen interessierte Eltern ansprechen und zugleich das Image des Kindergartens als »familien- und väterfreundlich« unterstreichen. In Angeboten die für das Gemeinwesen offen sind, liegt die besondere Chance, dass werdende und frischgebackene Väter frühzeitig »ihresgleichen« begegnen, deswegen wäre es sinnvoll dort Väterbegegnungen (Väterstammtisch, Väterinfowand, Väterbefragung durch Väter des Kindergartens) zu organisieren und bestehende Väterangebote und –initiativen bekannt zu machen (→ Kap. 4.1.1).

Väter in Gremien

Es liegt in den Händen der Fachkräfte, die Eltern in ihrem Engagement für ihre Kinder zu unterstützen und zu begleiten. Wenn Väter *und* Mütter erleben und begreifen, dass ihre Mitwirkung in der Einrichtung willkommen ist, setzen sie sich nicht nur für ihr eigenes Kind ein. Allerdings zeigte sich, dass Väter in den Gremien unterrepräsentiert und dort nur zu einem Viertel vertreten sind. Väter haben andere und geringere Chancen als Mütter, sich für einen Platz im Elternrat oder in sonstigen Ehrenämtern des Kindergartens aufstellen zu lassen. Kandidaturen sind zum Beispiel in vielen Einrichtungen bereits unter den miteinander gut bekannten Müttern abgesprochen – Neulinge haben dadurch weniger Chancen.

Gremien ausgewogen besetzen

Wünschenswert wäre eine zunehmend ausgewogene Besetzung der Gremien mit Müttern und Vätern, um Belange der Kinder, Mütter und Väter aus verschiedenen Perspektiven zu berücksichtigen (→ Kap. 4.2.4).

Doch zur Zeit stehen Väter in der Elternversammlung noch einer eklatanten Überzahl von Müttern gegenüber. Väter, die im Kindergarten kandidieren, brauchen daher eine spürbare Hilfe, eine Art Netz, das sie mit ihrer Motivation und ihrem Engagement nach Wahlniederlagen auffängt. Diese Hilfe kann beispielsweise darin bestehen, dass männliche Kandidaten – unabhängig vom Wahlsieg – mit verantwortungsvollen »Aufgaben für Väterinteressen« betraut werden. Das verhindert, dass Väter sich im Fall einer enttäuschenden Wahlniederlage komplett aus der Elternarbeit verabschieden. Mütter, die bekanntermaßen häufiger in den Kindergarten kommen und ihre Wahlchancen besser einschätzen können, gleichen solche weniger wahrscheinlichen Niederlage-Erlebnisse anders aus.

Fachkräfte sprechen über Väter

Erzieherinnen reden offenbar zu selten im Team über Väter und spüren vielfach, dass sie wenig über Väter erfahren. Mit der Fachberatung sprechen sie ebenso selten über Besonderheiten von Vätern im Vergleich zu Müttern. Erzieherinnen fühlen sich eher unsicher, wenn es darum geht, Aussagen über Väter zu treffen. Im Gegensatz dazu treffen sie Aussagen über Mütter deutlich sicherer, was auch darauf beruht, dass Begegnungen mit Vätern im Kindergartenalltag seltener stattfinden.

Erzieherinnen können zunächst im Team und mit Unterstützung des Trägers ihrer Einrichtung lernen, Väter genauer einzuschätzen, sichere Positionen ihnen gegenüber zu beziehen und fortschrittlich inhaltlich mit ihnen zusammenzuarbeiten.

Fortbildung zum Thema »Väter«

Der tägliche Austausch mit Kolleginnen darüber, was sie über Väter erfahren und wie sie Väter einschätzen, ist ein wichtiger Anknüpfungspunkt. Differenzierte Lernprozesse zur eigenen Position gegenüber Vätern sind mit der Fachberatung und in der Aus- und Fortbildung in Gang zu setzen. Künftig dürften Fortbildungen zum Thema »Väter« zunehmen und sollten eine professionelle »väterfreundliche Sicht« fördern. Durch sie ist es möglich zu schulen, wie und was Erzieherinnen von Vätern wahrnehmen und wie sie Väter glaubhaft und nachhaltig in eine Zusammenarbeit mit dem Kindergarten einbeziehen (→ Kap. 4.7.1).

Einstellungen von Vätern zu Einrichtung und Erziehung beachten

Noch zeigt die aktuelle Praxis der Zusammenarbeit mit Eltern tiefe Gräben zwischen Vätern und Fachkräften. Vätern wird von Fachkräften unterstellt, sie seien kaum am Kindergarten interessiert, hätten für die Erziehung des Kindes nicht so viel übrig wie Mütter und seien selten daran interessiert, Kontakte im Kindergarten zu knüpfen. Ein kontinuierlicher fachlicher Austausch mit Kolleginnen über das Thema »Väter« ist daher dringend ratsam, um eigene Positionen gegenüber Vätern zu überprüfen und Väter differenzierter einzuschätzen (→ Kap. 4.7.2).

> Bewusstes Wahrnehmen, Kontakte und Gespräche mit Vätern im Kindergarten dürften helfen, Väter zukünftig weniger einseitig einzuschätzen und ihre Einstellungen zu Familie, Kindergarten und Erziehung zu verstehen. Gezielte Angebote an Väter, mitzuwirken, mitzuspielen und zu hospitieren, tragen dazu bei, Gräben der Unkenntnis zwischen Fachkräften und Vätern zu überbrücken.

4 Praxiserprobte Anregungen

Die folgenden Anregungen erleichtern die praktische Umsetzung der in Kapitel 3 genannten Vorschläge für eine verstärkte Zusammenarbeit mit Vätern. Sie wurden im Rahmen eines dreijährigen Forschungsprojekts des Sozialpädagogischen Instituts Nordrhein-Westfalen von projektbeteiligten Einrichtungen erprobt. Keinesfalls sind sie als starre Rezepte für die Arbeit mit Vätern und ihren Kindern gedacht; vielmehr können sie in jedem einzelnen Kindergarten – je nach Voraussetzungen und Prioritäten – umgeformt werden.[1]

Auf dem Weg zu einer neuen kreativen Zusammenarbeit mit Vätern gelten die Vorschläge als mögliche positive Schritte. Sie verdeutlichen ein notwendiges Hinwenden zu den Vätern und sollen den Erziehungsalltag aller Beteiligten stärken. Langsam wird ein vertrauensvolles Verhältnis zwischen Fachkräften und Vätern wachsen und es wird möglich, dass etwa die »Vater-Kind-Spiel-Treffs« nach einigen Treffen von Vätern selbst organisiert werden. Fachkräfte werden sich dann auf eine unterstützende Rolle zurückziehen und diese Verselbstständigung als bereichernd für ihre pädagogische Arbeit anerkennen. Dennoch ist zu berücksichtigen, dass Väterarbeit im Kindergarten eine besondere Leitungsaufgabe ist. Ohne eine ausdauernde Patenschaft, die – sogar über eine Durststrecke von mehreren Jahren – von einer engagierten und erfahrenen pädagogischen Kraft übernommen und im gesamten Team unterstützt wird, kann sie sich kaum in notwendiger Qualität, Tiefe und Nachhaltigkeit entwickeln.

Sensibilität für Kinder »ohne Vater«

Bei der praktischen Umsetzung einer verstärkten Zusammenarbeit mit Vätern ist besonderes Augenmerk auf getrennt erziehende Paare zu richten. Da kann es Paare geben, die gemeinsames Umgangsrecht

---

[1] Wer weitere Erfahrungen und passende Beispiele beisteuern möchte, sende sie bitte per Email an den Verfasser: verlinden@spi.nrw.de

erfolgreich praktizieren, und solche, die einander das Kind vorenthalten. In allen Fällen ist mit äußerster Sensibilität und Zurückhaltung vorzugehen. Die Erzieherin ist dabei in erster Linie Anwältin des Kindes und hat das Wohl des Kindes zu vertreten. Sollte bei der Umsetzung der aufgelisteten Praxisanregungen kein »Vater« im Umfeld des Kindes erreichbar sein, dann kann – falls möglich – diejenige männliche Bezugsperson beteiligt werden, die dem Kind am nächsten steht. Das könnten Onkel, Opa, Freund der Familie, großer Bruder oder ein anderer vertrauenswürdiger Mann sein, bei dem das Kind sich wohlfühlt.

Die folgenden Praxisbeispiele sind annähernd chronologisch geordnet und bieten Anregungen vom ersten Kontakt mit Vätern bis zum Abschluss der Kindergartenzeit. Darüber hinaus werden einige Vorschläge zur Weiterentwicklung der Väterarbeit im Fachteam gemacht.

4.1 Einstieg erleichtern

Auf verschiedene Weisen kann Vätern der Einstieg in das neue Umfeld »Kindergarten« erleichtert werden. Dies beginnt bei der gezielten Ansprache von zukünftigen Nutzern der Einrichtung durch Veranstaltungen im Gemeinwesen und setzt sich fort durch gut geplante Aufnahmegespräche und Angebote zum Kennenlernen.

4.1.1 Zukünftige Nutzer des Kindergartens ansprechen

Eine Öffnung der Einrichtung in ihren Sozialraum trägt zu einer Orientierung und Verankerung im Gemeinwesen bei. So erhalten interessierte Familien mit Kindern unter drei Jahren erste Eindrücke über die Institution. Werden Väter bereits früh auf den Kindergarten aufmerksam, können sie erleben, dass neben Müttern und Erzieherinnen auch Väter das Bild der Einrichtung aktiv mitgestalten.

Ablauf

Bislang eher interne Veranstaltungen wie Referentenvortrag, Kindergartenfest, Basar, Sommerfest, Laternen-Umzug oder Flohmarkt werden als öffentliche Veranstaltung für die Umgebung geplant. Bekannt gegeben wird das Ereignis über Aushänge in benachbarten Geschäften oder über Anzeigen und Artikel in der Tageszeitung. Auf diese Weise können interessierte Eltern mit Kleinstkindern, die künftigen Nutzer der Einrichtung, teilnehmen.

Informationsplakate sollten mit der Telefonnummer der Einrichtung oder dem Namen von Ansprechpartnerinnen versehen sein, damit Auskünfte zu der Veranstaltung eingeholt werden können.

Varianten

- Eltern-Kind-Spielgruppen naher Familienbildungsstätten werden gezielt zu Sommerfest, Basar, Laternen-Umzug oder »Tag der offenen Tür« eingeladen.
- Eine Vernetzung von Kindergarten und weiteren Institutionen der Jugendhilfe könnte dazu führen, dass einzelne Angebote einer benachbarten Familienbildungsstätte in Räumlichkeiten des Kindergartens durchgeführt werden, zum Beispiel:
  - Geburtsvorbereitungskurse
  - Babymassage
  - PEKiP (Prager-Eltern-Kind-Programm)-Kurse oder andere Eltern-Säuglings-Kurse
  - Krabbel-Gruppen
  - Eltern-Kind-Spielgruppen.

Für Väter, die mit Kleinstkindern an Kursen der Familienbildung in Räumen des Kindergartens teilgenommen haben, kann dies später zur Minderung ihrer Hemmschwelle gegenüber dem Kindergarten und zur stärkeren Bindung an ihn beitragen.

4.1.2 Väter anschreiben

Väter möchten von Beginn an den Start des Kindes im Kindergarten und seine Entwicklung dort miterleben. Von Anfang an sind sie an Gesprächen über Kind, Erziehung und Kindergarten beteiligt und werden genauso informiert wie Mütter. Eine ausdrückliche, gezielte Ansprache der Väter findet in Elternbriefen der Einrichtung statt.

Ablauf

- Anschreiben enthalten gezielt die Anrede »Lieber Vater« neben »Liebe Mutter«.
- In Briefen an bestimmte Eltern werden Väter mit ihrem Namen »Herr...« angesprochen.

Varianten

- Kinder gestalten Einladungen an Väter mit.
- Kinder diktieren der Erzieherin einen Brief an ihren Vater.

> *Lieber Papa,*
>
> *ich bin hier im Kindergarten und möchte, dass du mich mal besuchst.*
>
> *Gerne werde ich dann Folgendes mit dir tun:*
>
> (Hier kann das Kind diktieren, ein Bild malen oder etwas Gebasteltes einfügen.)
>
> *Dein ...*

4.1.3 Väter nehmen teil an Anmelde- und Aufnahmegesprächen

Schon beim Anmelde- und Aufnahmegespräch erhalten Väter ein erstes Signal, dass sie willkommen sind. Sie werden von Fachkräften gezielt dazu eingeladen und angesprochen.

Ablauf

Die Leiterin bittet beide, Vater und Mutter, zum Erstgespräch. Eine dafür angemessene Zeit sollte reserviert werden. Zu Beginn erfolgt zur ersten Orientierung ein gemeinsamer Rundgang mit Vater, Mutter und Leiterin durch die Einrichtung. Die Leiterin wählt für das Gespräch einen ruhigen Raum, in dem sie mit Vater und Mutter ungestört reden kann. Zur gemütlichen Atmosphäre gehört ein Getränk. Erfahrene Fachkräfte werden vor dem Gespräch überlegen, welchen Gesprächsteil sie konkret dem Vater widmen und welche Fragen sie ihm gezielt stellen wollen.

- **Verbindende Erlebnisse mit dem Kind:**
  - Was machen Sie gerne mit Ihrem Kind?
  - Was waren besonders verbindende Erlebnisse für Sie und Ihr Kind?
- **Erwartungen an den Kindergarten:**
  - Welches Bild hat Ihr Kind vom Kindergarten?
  - Was wünschen Sie sich vom Kindergarten?
- **Rolle des Vaters:**
  - Welche Aufgaben sehen Sie als typische Vaterpflichten an?
  - Wie gelingt es Ihnen, sich trotz eines anstrengenden Tages der Familie zu widmen?

Abschließend erhalten Vater und Mutter ein anschauliches schriftliches Konzept der Einrichtung.

Varianten

- Die zukünftige Gruppenleiterin nimmt am Gespräch teil.
- Ein männlicher Mitarbeiter – falls vorhanden – wird zum Gespräch hinzugezogen, das unterstreicht, dass auch Männer Kinder erziehen.
- Das Gespräch findet bei den Eltern zu Hause statt.

4.1.4 Kennenlernfest unter neuen Vätern

Innerhalb der Eingewöhnungszeit der neuen Kinder in den Kindergarten bietet die Einrichtung – neben einem üblichen Informationsabend für alle Eltern – ein Kennenlernfest für neue Väter an. Zu diesem Fest werden ausschließlich Väter der neuen Kindergartenkinder eingeladen, um Einrichtung und Fachpersonal kennen zu lernen.

Ablauf

Das Kennenlernfest berücksichtigt die Berufstätigkeit der Väter und wird nach Absprache erst am späteren Nachmittag oder am frühen

Abend beginnen. Alle Väter der neuen Kindergartenkinder werden gezielt zu diesem Fest eingeladen.
- **Begrüßung:** Eingangs begrüßt die Leiterin der Einrichtung die Väter und nutzt diese Gelegenheit, um sie auf Angebote aufmerksam zu machen, welche die Einrichtung für sie bereit hält.
- **Programmpunkte:** Sind Kinder eingeladen, wären kleine Beiträge der Kinder naheliegend, möglich wäre auch, gemeinsam zu singen oder zu spielen. Damit das Anliegen der Veranstaltung umgesetzt werden kann, nämlich dass Väter und Fachkräfte einander kennen lernen, sollte dieses Fest nur wenige andere Programmpunkte aufweisen.
- **Essen und Trinken:** Ein Büfet mit kleinen Speisen und Getränken – das von Elternvertretung und Kindern schon am Vormittag oder an diesem Abend gemeinsam mit den Vätern zubereitet wurde – sorgt für das leibliche Wohl aller Beteiligten. Gemeinsames Essen kann als Begegnungspunkt dienen, der zu ersten Kontakten zwischen neuen Vätern, Elternvertretung und dem Fachpersonal führt.

Varianten

- Väter werden an den Vorbereitungen zum Kennenlernfest beteiligt und helfen Fachkräften zum Beispiel bei Umräumarbeiten für das Fest, wie etwa: Sitzgelegenheiten aufstellen, Aufbauten im Außengelände (Pavillon), Zubereitung und Aufbau des Büfetts.
- Väter werden in der Einladung gebeten, ein Foto von sich und ihrem Kind mitzubringen, das später in einem Gruppenraum des Kindes aufgehängt wird.
- Müttern wird ein ähnliches Kennenlernfest angeboten.

4.1.5 Väter miteinander bekannt machen

In vorbereiteten Angeboten können Väter einander näher kennen lernen. Auf einem Elternabend und in gezielten Vater-Kind-Veranstaltungen ist dafür Gelegenheit. Väter bevorzugen meist kleine Gruppen, um miteinander vertraut zu werden.

Ablauf

- Teilnehmer bilden einen Kreis. Ein Ball wird untereinander zugeworfen. Jeder Werfer nennt dabei zunächst nur seinen Vornamen: »Ich heiße Peter!«... »Ich bin Thomas!«...
- In einer anschließenden Runde wird der Vorname und ein Freizeitinteresse oder aktives Hobby genannt: »Ich heiße Peter und spiele Handball im Verein XY.«
- Je nach Gruppengröße läuft die Vorstellung über mehrere Runden, bis jeder Teilnehmer an der Reihe war.
- Schließlich fügt jeder noch den Namen des eigenen Kindes und eine von dessen Lieblingstätigkeiten hinzu. »Ich heiße Peter, spiele Handball und meine Tochter heißt Pia und geht gerne mit mir schwimmen.«

Varianten

- Findet die Vorstellungsrunde in gemischten Vater-Kind Gruppen statt, wird der Ball oder ein Luftballon abwechselnd zwischen Erwachsenen und Kindern geworfen.
- Namens-Anagramm: Jeder schreibt den Vornamen seines Kindes auf. Zu den Buchstaben im Vornamen des Kindes werden einzelne charakteristische Eigenschaften aufgeschrieben, zum Beispiel:

AGNES
- **A** ktiv
- **G** utmütig
- **N** eugierig
- **E** nergisch
- **S** elbstbewusst.

Schließlich wird der eigene Vorname aufgeschrieben und Eigenschaften mit den Buchstaben notiert. Eine Variante hierzu verwendet den Vornamen der Mutter des Kindes.

4.1.6 Väter-Briefe an die Kinder

Nach dem Motto »*Ich freu mich mit Dir!*«, können Väter ihrem »frischgebackenen« Kindergartenkind bisherige frohe Erinnerungen festhalten. Diese werden dem Kind später im Kindergartenjahr nahe gebracht.

Ablauf

Einzeln und in kleinen Gruppen berichten Väter von angenehmen Alltags-Erlebnissen mit dem eigenen Kind. Dann wird ein kleiner Text »*An mein Kind*« verfasst.

Das Kind sollte die angenehme Erinnerung des Vaters begreifen und positive Vorstellungen damit verbinden können. Stärken und Fähigkeiten des Kindes könnten erwähnt sein. Die Fachkraft gibt den Anfang des Textes vor und erläutert einige Beispiele.

> *Mein liebes Kind,*
>
> *du beginnst nun deine Kindergartenzeit. Und ich möchte hier kurz aufschreiben (malen) an welche Situationen mit dir ich gern denke:*
>
> *Es ist etwas im Alltag, wenn ...*
>
> *(ich nach Hause komme und du in meine Arme flitzt / wenn du auf meinem Fahrrad sitzt / wenn wir die Fische im Aquarium beobachten / wenn ich dir Gutenachtgeschichten erzähle / wir Nudeln essen / gemeinsam im Schwimmbad sind / einem Hund begegnen ...), dann freue ich mich, weil ...*
>
> *Dein Papa*

Mit den Vätern wird anschließend besprochen, was ihnen vom Alltag in den Sinn kam, was sie bei der Erinnerung empfanden und was sie beim Schreiben über ihr Kind dachten. Wer ungern viel schreiben möchte, kann zeichnen oder Stichworte festhalten.

Der Brief kommt in einen an das Kind adressierten Umschlag. Nach etwa 6 Monaten wird er dem Kind von der Fachkraft vorgetragen oder den Vätern übergeben.

Varianten

- Jedem Kind wird zusätzlich ein Bild gemalt, das zum Text passt, an die angenehme Situation erinnert und mit in den Umschlag hineinkommt.
- Nach einem halben Jahr findet ein Treffen der Väter und Fachkräfte statt. Der Text wird kurz zuvor jedem Kind eröffnet und seine Reaktion mit den Vätern besprochen.
- Väter können gemeinsam Texte über angenehme Alltagssituationen mit ihren Kindern verfassen und in der Elternzeitung oder auf einer »Väterinfowand« veröffentlichen.
- Die Fachkraft interviewt jeden Vater und schreibt den Brief an das Kind.
- Väter kommen zum Frühstück in den Kindergarten und lesen dem Kind ihren Brief dort vor.

4.1.7 Info-Rallye für neue Väter

Außer dem allgemein üblichen Infoabend machen die neuen Väter zusätzlich eine Orientierungs-Rätsel-Rallye durch den Kindergarten, um die Einrichtung ihrer Kinder näher kennen zu lernen.

Ablauf

In dieser Rallye streifen Väter mit Kindern durch die Einrichtung und das Außengelände. Es gibt *kreative, kognitive und soziale Aufgaben* für Vater und Kind.

- **Kreativ:** Suchen Sie das Ihrer Meinung nach beliebteste Spielzeug, den schönsten Bilderbuchtitel, ein typisches Kinderversteck und, wenn Sie möchten, dann können Sie sich mit Schminke gegenseitig etwas verfremden.
- **Kognitiv:** Suchen Sie den höchsten und den niedrigsten Punkt im Außengelände, das dunkelste Kinderversteck draußen und drinnen, außerdem notieren Sie bitte, was Ihnen (auch entsprechend Ihrer eigenen Berufserfahrung, zum Beispiel als Handwerker, Kaufmann, Techniker, Künstler...) im Kindergarten auf den ersten Blick ungewöhnlich, vertraut oder angenehm erscheint.
- **Sozial:** Bilden Sie mit zwei oder drei anderen Vätern eine Gruppe. Spielen Sie ein Kinderspiel aus Ihrer eigenen Kindheit, singen Sie ein Kinderlied oder tragen Sie den restlichen Vätern im Plenum ein Bilderbuch vor.

Varianten

- Die erfahrenen Kindergartenkinder sind mit dabei.
- Mütter nehmen separat an der gleichen Rallye teil und vergleichen ihre Ergebnisse mit denen der Väter – ohne Konkurrenz zu entfachen, nur um Perspektiven zu vergleichen.
- Kinder und Väter treffen sich an einem Samstag, die Kinder zeigen den Vätern ihre Einrichtung auf einer Rallye und belohnen sich durch einen kleinen »Festschmaus«, zu dem von den Kindern selbst gebacken oder Getränke vorbereitet wurden, zu dem selbstgepflücktes Obst oder von Vätern Mitgebrachtes angeboten wird.

4.2 Kontakt aufnehmen und an Erziehung beteiligen

Da die Kontaktaufnahme zu Müttern häufig als einfacher empfunden wird, ist es notwendig, bewusst auf Väter zuzugehen. Gestalterische Elemente im Eingangsbereich des Kindergartens können Väter gezielt ansprechen. Um sie verstärkt in das Erziehungsgeschehen einzubeziehen, spricht die Erzieherin mit ihnen über die Entwicklung ihres Kindes und fördert ihre Beteiligung an Gremien des Kindergartens.

4.2.1 Spontan Väter ansprechen

Wenn Kinder von Vätern gebracht oder abgeholt werden, gehen Fachkräfte auf sie zu und nutzen die Möglichkeiten zum Willkommensgruß und für einen kurzen Wortwechsel.

Ablauf

In Bring- und Abholphasen befindet sich eine Fachkraft im Eingangsbereich der Einrichtung oder der Gruppe, um Väter gezielt zu begrüßen und bei Gelegenheit
- auf Veranstaltungen des Kindergartens hinzuweisen
- die Kindergartenzeitung auszuteilen
- allgemein nach dem Befinden des Kindes zu fragen
- über den Tagesverlauf ihres Kindes zu informieren
- zum Väterfrühstück oder zur Hospitation einzuladen.

Varianten

- Den Eltern diese Aufmerksamkeit erklären und sie auf die besonderen Schwerpunkte für Väter hinweisen.
- Ein abschließender Singkreis der Kinder im Eingangsbereich kann Väter, die ihr Kind abholen, zum Mitsingen einladen.
- Informationen für Väter sind deutlich sichtbar und stets aktuell in unmittelbarer Nähe ausgehängt, so dass die Fachkraft leicht auf diese Väterinfowand aufmerksam machen kann.
- Ein Elternratsvertreter hilft während der Bringphase, die Väter zu begrüßen, und unterstreicht, dass sie willkommen sind.

4.2.2 Ecke für Väter

Vielen Einrichtungen fehlt eine »Anlegestelle« für Väter. Eine Infowand, speziell an Väter gerichtet, wird als Ecke für Väter gestaltet, wo sie Interessantes für sich als Vater und Mann entdecken können.

Ablauf

Generell sendet diese Ecke für Väter das Signal aus: »Väter, hier geht es um euch!« Auf dieser Informationstafel im Eingangsbereich der Einrichtung finden Väter etwas über die aktuelle Arbeit, Themen und Materialien des Kindergartens sowie über Aufgaben, für die Väter gebraucht werden. Fotos oder eine kurze Dokumentation der letzten Vater-Kind-Aktion (von einem Vater verfasst?) wecken die Neugier der Väter, ebenso interessante Internet-, Zeitungs- und Zeitschriftenartikel zum Thema »Vater sein«.

Varianten

- Bilder und Poster, auf denen Väter und Kinder zu sehen sind, wirken generell als attraktives Signal an Väter.
- Aushänge zu örtlichen Informationsdiensten, Adressen und Internetseiten zum »Vater sein« können bei Fragen der Väter weiterhelfen, die im Kindergarten kaum zu klären sind (→ Anhang).
- Kinder schmücken die Väterecke oder den Flur mit ihren Kunstwerken, besonders wenn diese Werke in Zusammenarbeit mit Vätern entstanden sind.

- Statt einer Infowand kann eine »Väter-Litfasssäule« aufgestellt werden. Der Bau der Litfasssäule durch Väter vermag ihr Interesse an diesem »Bauwerk«, an den Informationen und ihrer Pflege zu stärken.

4.2.3 Mit Vätern Entwicklungen des Kindes besprechen

Von Anfang an nimmt der Vater an vertiefenden Gesprächen über die Entwicklung seines Kindes teil. Das zeigt, dass Fachkräfte seine Verantwortung in der Erziehung achten.

Ablauf

Das Fachpersonal einer Kindergartengruppe erlangt vom Vater wichtige Informationen über das Kind und seinen sozialen Hintergrund. Sie sind wesentlich, um das Kind in seinem Verhalten und Erleben besser verstehen zu können. Alle Beteiligten sollten sich angemessen Zeit für das Gespräch nehmen. Die Fachkraft leitet das Gespräch und wählt einen ruhigen Raum, wo sie sich ungestört mit Vater und Mutter unterhalten kann. Zur Unterstützung der Atmosphäre wird ein Getränk angeboten.

Fachkräfte haben vor dem Gespräch zu klären, welches die Hauptthemen des jeweiligen Entwicklungsgespräches sind und welche Fragen sie konkret an den Vater richten möchten. Themen von Gesprächen über die Entwicklung des Kindes können zum Beispiel sein:
- Seine Stärken und Interessen
- Sein aktueller körperlicher und intellektueller Entwicklungsstand
- Seine besonderen Eigenarten in Familie und Einrichtung
- Fortschritte in seiner Entwicklung seit dem letzten Gespräch
- Sein Gruppenverhalten und seine soziale Position in der Gruppe
- Sein Umgang mit Konflikten und Gefühlen.

Varianten

- Die Leiterin oder Zweitkraft der Gruppe wird zum Gespräch hinzugezogen und zwar nicht nur, wenn es um heikle, unangenehme Themen geht, sondern auch zu erfreulichen Themen.

- Ein männlicher Mitarbeiter nimmt am Gespräch teil.
- Das Gespräch findet im Anschluss an eine Hospitation oder davor statt.
- Das Gespräch findet bei den Eltern zu Hause statt.
- Konkrete Anekdoten über das Kind oder seine Werke helfen, seine positive Entwicklung deutlicher zu machen.
- Gegebenenfalls ist das Kind beim Gespräch anwesend.

4.2.4 Väter freiwillig in Ehrenämtern

Väter, die einen positiven Einstieg in den Kindergarten fanden und erste Beziehungen zu anderen Eltern knüpften, haben es leichter, Verantwortung in Gremien mitzutragen.

Ablauf

- **Kontaktaufnahme:** Damit Väter sich zu einer ehrenamtliche Aufgabe in einem Mitwirkungsgremium bereit erklären, sollten sie Einblick in die dortigen Aufgaben erhalten. Fachkräfte können dies unterstützen, indem sie z.b. den Kontakt zwischen ehemaligen Elternratsmitgliedern und neuen Vätern anbahnen.
- **Quotierung:** Fachkräfte können durchaus dafür plädieren, dass Gremienposten gleichmäßig auf Väter und Mütter verteilt werden.
- **Unterstützung:** Fachkräfte sollten Vätern und Müttern, die sich bereit erklären, ein Amt zu übernehmen, gleich unterstützend zur Seite stehen.
- **Väter-Ämter:** Spezielle »Väter-Ämter« können neu geschaffen werden, wie etwa ein »Väterbeisitz« im Kindergartenrat.

Varianten

- Gewählte Elternvertreter/innen im Amt stellen sich auf einer DIN A4 Seite mit einem Foto und Text auf dem »schwarzen Brett« kurz vor, damit interessierte Mütter und Väter sehen, wen sie neben den Fachkräften ansprechen können.
- Vor anstehenden Elternratswahlen stellen sich bisherige Amtsinhabende und neu Kandidierende an einem Informationsstand interessierten Vätern und Müttern vor.

- Die Elternvertretung berichtet über ihre Aufgaben in der Kindergartenzeitung.
- Kurze jährliche Tätigkeitsberichte der Elternvertretung zu ihren Aufgaben hängen an der Väterinfowand aus.

4.3 Kontakt unter Vätern fördern

Angebote, die den Kontakt unter Vätern vertiefen, ermöglichen eine gemeinsame Auseinandersetzung über die eigene Vaterrolle. Mit Väterabenden oder Spielzeugreparatur-Aktionen wird daher ein Prozess angestoßen, der Väter zum Wohle der Kinder in das Erziehungsgeschehen integriert und ihre eigene Position im Kindergarten stärkt.

4.3.1 Austausch über angenehme Vater-Kind-Erlebnisse

Väter haben vieles gemeinsam, dazu gehören auch schöne Erlebnisse mit dem eigenen Kind. Angenehme Erlebnisse und Bindungserfahrungen mit dem Kind können zentrales Thema für ein Gruppengespräch sein, in dem Väter einander vertrauter werden. Ähnlichkeiten zwischen ihnen sollten dabei stärker beachtet werden als trennende Unterschiede.

Ablauf

Jeder Vater erhält eine Karteikarte. Er notiert darauf ein Stichwort, das ein verbindendes, gemeinsames Interesse zwischen ihm und seinem Kind zeigt. Je konkreter, um so besser!
- **Leitfrage:** Was mache ich gerne mit meinem Kind? Welche Erlebnisse verbinden mich mit ihm?
- **Mögliche Orte und Bereiche der Erlebnisse:** Spielplätze, Spaziergänge, Schwimmen, Haustiere, Ausflüge, Gutenachtgeschichten, Spiele, TV-Serien...
- **Beispiele für notierte Stichworte:** Klettergerüst, Sanddüne im Stadtpark-Süd, Wasserrutsche, Hund mit Ball, Streichelzoo, Astrid Lindgren, Singen mit Fingerspielen, Käpt'n Blaubär ...

Die Karten werden gut sichtbar an eine Pinwand gehängt oder in die Mitte auf den Boden gelegt. Wenn alle so weit sind, erläutert jeder sein Stichwort, etwa *seit wann* das gemeinsame Interesse besteht, *wie* es entstanden ist, *wer* sonst noch daran beteiligt ist, *welchen* Aufwand es erfordert.

Varianten

- Jeder Vater wird bereits in der Einladung gebeten, ein Foto von sich und seinem Kind mitzubringen. Im Treffen berichtet er, wie das Foto entstanden ist und was er damit verbindet.
- Väter berichten von einem Urlaub, einem Ausflug oder einem besonders angenehmen Erlebnis mit ihrem Kind und malen anschließend ein Bild dazu, das sie ihrem Kind schenken können.
- Väter berichten von einem eigenen Hobby und mit wem sie es teilen.
- Die Antwortkarten, Bilder und Stichworte werden für ein kommendes Treffen eingesammelt und dort erneut aufgereiht und eventuell mit weiteren Karten ergänzt.
- Väter, die den Kindergarten bereits länger kennen, werden erst dann zu einer solchen Gruppe hinzugezogen, wenn die »Neulinge« genügend miteinander vertraut sind.

4.3.2 Väterabend

Ein »Abend unter Vätern« kann Vätern den Zugang zum Kindergarten ebnen und soll die Orientierung »der Neuen« nach Beginn des Kindergartenjahres erleichtern. Beziehungen unter Vätern entstehen eventuell in solchen Männerrunden eher.

Ablauf

Ein Väterabend darf, neben der Geselligkeit, Väter dazu ermuntern, sich in verschiedenen Schritten mit ihrer Rolle als Vater und der Beziehung zum Kinde zu beschäftigen. Am Anfang können spielerische Angebote stehen. Gespräche bleiben bei guter Moderation für die Teilnehmer sehr erlebnisnah. Mögliche Themen für Gespräche:
- Vater und Kind am Wochenende
- Ferien- und Feierabendspiele für Vater und Kind

- Bilderbücher für Vater und Kind
- Väterbücher[2]
- Besonders angenehme Erlebnisse mit dem eigenen Kind
- Vater und Kind vor dem Fernseher
- Umgang mit Konflikten im Alltag des Kindes
- Balance des Vaters zwischen Familie, Beruf und Freizeit.

Varianten

- Gesellige Angebote für Väter wie: Väterstammtisch, Vätertheatergruppe, Vätersportgruppe, Väterchor, Handwerkerabend, Vätergrillabend.
- Väter drehen einen Videofilm über die Einrichtung.
- Väter gehen gemeinsam in einen Kinofilm.
- Väter gehen gemeinsam wandern, zelten, Kanu fahren...

4.3.3 Väter reparieren Spielzeug

Kooperation und handwerkliches Geschick der neuen und alteingesessenen Väter werden angesprochen. Es geht um Reparatur, Wartung und Bau von Spielgeräten für den Kindergarten.

Ablauf

Elternrat und handwerklich erfahrene Eltern erstellen zunächst eine Liste notwendiger und in Eigenregie leistbarer Reparaturarbeiten. Dann wird ein väterfreundlicher Termin für den ersten Reparaturtag festgelegt.

- **Einladung:** In einem »Väterbrief«, in Aushängen im Kindergarten und in persönlicher Ansprache durch die Elternvertretung werden Väter über den Spielgeräte-Reparaturtreff informiert und um konkrete Hilfe in klar bezeichneten Aufgaben gebeten.
- **Vorbereitung:** Genügend Material und Werkzeuge, aber auch Speis und Trank werden bereitgehalten. Väter können benötigtes Material evtl. selber mitbringen.

---

[2] Zum Beispiel das 2002 erschienene Buch des BMFSFJ »Papa und ich«

- **Absprachen:** Väter, Kinder und Erzieherinnen sprechen sich darüber ab, welche Arbeiten nötig sind und wie sie aufgeteilt werden. Welche Außengeräte brauchen Reparatur, Anstrich, Wartung? Je nach Wetterlage geht es im Innenbereich weiter.
- **Ausklang:** Die Arbeit krönt eine gemütliche Abschlussrunde mit Imbiss. Dies bietet neben der Arbeit Raum für weitere Gespräche unter den Beteiligten.

Varianten

- Die neuen Väter werden eingeladen, sich anlässlich einer Führung im Kindergarten dazu zu äußern, was Ihnen aufgrund ihrer eigenen Berufserfahrung (als Handwerker, Kaufmann, Techniker, Künstler...) im Kindergarten auf den ersten Blick verbesserungsfähig erscheint.
- Die Aktion wird von einem Vater auf Video dokumentiert und bei Gelegenheit vorgeführt.
- Größere Renovierungsarbeiten werden mit Sachmitteln des Trägers unterstützt.
- Väter mit besonderem Geschick bieten Reparaturtage für privates Spielzeug der Familien an, z.B. Fahrrad- und Roller-Reparaturtag, Wartung der Winterspielgeräte, Instandsetzung von elektrischem Spielzeug, Puppendoktor-Arbeiten.

4.4 Kindergarten-Alltag vermitteln

Einblicke in den Kindergarten-Alltag bringen Vätern auch den Alltag ihres Kindes näher. Darüber hinaus wächst das gegenseitige Verständnis zwischen Fachkräften und Vätern.

4.4.1 Vater-Kind-Frühstück

Beim gemeinsamen Frühstück mit ihrem Kind im Kindergarten finden Väter Zugang zur Einrichtung und sammeln Eindrücke über den Alltag ihres Kindes. Viele Kinder sind stolz, ihren Papa (hier und im Folgenden ist mit Vater/Papa auch eine andere männliche Bezugsperson eines Kindes gemeint, etwa Opa oder Onkel) zu Besuch zu haben.

Ablauf

Väter erhalten persönliche Einladungsschreiben – möglicherweise von den Kindern mitgestaltet –, mit ihrem Kind gemeinsam im Kindergarten zu frühstücken. In der Anfangszeit wird dazu ein bestimmter Tag festgelegt, etwa jeden ersten Mittwoch im Monat.

- **Termin festlegen:** Nach mehreren Treffen gilt ein feststehender Termin oder ein allgemein offenes Frühstück für Väter, z.B. von 7.30 Uhr bis 9.30 Uhr. Die Begegnung der Väter kann auf lange Sicht einen sinnvollen Erfahrungsaustausch in Gang setzen.
- **Essen organisieren:** Während des Vater-Kind-Frühstücks wird ein selbst mitgebrachtes Frühstück verzehrt, Getränke stellt der Kindergarten.
- **Gespräche unterstützen:** Die Fachkraft setzt sich zeitweise mit zu den Gästen, hält sich allerdings im Hintergrund. Sie versteht sich als Patin der Veranstaltung und unterstützt die Gespräche unter Vätern und zwischen Vätern und Kindern.

Sind alle Frühstücksplätze besetzt und können keine weiteren Plätze hinzugefügt werden, gehen Väter mit ihrem Kind spielen, bis etwas frei wird.

Varianten

- Es werden gezielt Väter zur selben Zeit eingeladen, z.B. die Väter befreundeter Jungen und Mädchen, von Nachbarkindern, von Kindern im gleichen Alter, von neuaufgenommenen Kindern.
- Kinder richten am Vortag etwas für das gemeinsame Frühstück mit ihren Vätern her (Speisen oder Dekoration).
- Es wird ein Termin vereinbart, evtl. an einem Wochenende, an dem sich alle Väter und Kinder zu einem gemeinsamen Frühstück treffen; jeder bringt etwas mit.
- Das Kind verabredet mit seinem Vater, vor oder nach dem Frühstück noch ein Lieblingsspiel mit ihm zu spielen.

4.4.2 Väter besuchen die Kindergruppe

Väter erhalten Einblicke in den »Arbeitstag« ihres Kindes. Sie erfahren unter anderem, wie das eigene Kind im Kindergarten mit anderen Menschen umgeht und was es gerne spielt. Kinder erleben zudem einen neuen Vater-Rollenträger in dem »Vater auf Besuch«.

Ablauf

Ein Vater nimmt nach Absprache mit der Gruppenleiterin an einem verabredeten Wochentag für einige Stunden am Kindergartengeschehen teil, um auf diesem Weg positive Erfahrungen mit seinem Kind zu sammeln.

Er kommt morgens mit seinem Kind in die Gruppe und kann dort mitspielen, frühstücken, turnen oder einfach zusehen, je nachdem, was in dieser Zeit ansteht. Fachkräfte können den Vater mit Aufgaben betrauen, zum Beispiel:
- Kindern beim Laternenbau helfen
- Mit Kindern turnen
- In der Leseecke vorlesen.

In jedem Fall setzen sich Vater und Fachkraft danach zu einem gemeinsamen Auswertungsgespräch zusammen und besprechen Erfahrungen und Erlebnisse des Vaters, damit möglicherweise entstandene Missverständnisse geklärt werden können.

Varianten

- Kennt ein Vater den Ablauf in der Gruppe bereits, kann er beispielsweise sein Kind gezielt auf vereinbarte positive Aspekte hin beobachten:
  - Welche aktuellen Spielvorlieben hat es?
  - Wo liegen seine Stärken in der Kommunikation?
  - Wie verhält es sich in der Gruppe und im Kreis seiner AnsprechpartnerInnen?
  - Wie löst es Konflikte und wie drückt es Gefühle aus oder geht darauf ein?

  Solche gezielten Beobachtungen können Einstieg oder Fortsetzung für Entwicklungsgespräche sein.
- Einzelne Väter werden eingeladen, den Kindern über ihre Berufe zu erzählen und mit ihnen (gegebenenfalls am Arbeitsplatz) etwas Berufsbezogenes durchzuführen, z.B. typische Produkte und Herstellungsabläufe anzusehen, Arbeitsprozesse nachzuspielen, etwas selber herzustellen und mitzunehmen.

4.5 Aktionen mit Vätern und Kindern

Aktionen mit Vätern und Kindern im Laufe des Kindergartenjahrs müssen keine großangelegten Sonderereignisse sein. Regelmäßige Spieltreffs vermitteln zum Beispiel, dass gemeinsame Aktivitäten von Vätern und Kinder selbstverständlich sind. Sie werden vom Kindergarten in der Anfangsphase unterstützt, bis die Treffen von selbst laufen.

4.5.1 Spieltreff für Väter

Väter neu aufgenommener Kinder richten einen regelmäßigen Spieltreff ein. Interessierte Väter erfahren so spielerisch Neues über ihr Kind und begegnen anderen Kindern und Vätern: Eine Entdeckungsreise für Väter in die Welt ihres Kindes, wo es mit anderen Kindern spielt und über häusliche Spielgewohnheiten hinauswächst.

Ablauf

Am ersten Samstag im Monat treffen sich Väter und Kinder nachmittags im Kindergarten. Gemeinsam nutzen sie die Zeit für Spiele. In

den ersten Treffen hilft eine Fachkraft, bis die Gruppe sich dort selbst organisieren kann und bis die Väter mit ihren Kindern vorhandenes Spielmaterial selbstbestimmt nutzen und kommende Treffen eigenständig planen können.

Jedes Treffen erhält einen lockeren Rahmen. Kinder, Väter und Erzieherin orientieren sich an wiederkehrenden Ritualen im Ablauf, etwa ein Lied zu Begrüßung und Abschied sowie ein Imbiss zur Halbzeit.

Varianten

- Reihum bereiten einzelne oder je zwei Väter ein Treffen vor.
- Je nach Zeit der Teilnehmer wird das Treffen festgelegt, zum Beispiel am frühen Abend, Freitagnachmittag ab 16:30 Uhr.
- Jedes Treffen erhält ein Motto. So wissen Väter eher »worauf sie sich einlassen« und können sich darauf einstellen. Die Motti können Spielschwerpunkte sein, beispielsweise Ballspiele, Kreis- und Laufspiele, Bauen und Basteln, Musik und Kunst, Ausflüge oder das Thema »Haustiere«.
- Ein »Spielnachmittag mit Opas« umwirbt Großväter.
- Ein »Film- und Mediennachmittag für Vater und Kind«, dort werden Aufnahmen, Fotos, Dias zu bestimmten Themen gesammelt, kombiniert, erstellt und präsentiert (Ausstellung).
- Väter und Kinder, die schon länger den Kindergarten besuchen, nehmen ab der zweiten Jahreshälfte teil.
- Am Ende des Kindergartenjahres findet ein »Vater-Kind-Wochenendausflug« mit Übernachtung statt.

4.5.2 Väter spielen Ball mit ihren Kindern

Im Vordergrund steht die Freude am gemeinsamen Bewegungsspiel, nicht Sieg und Niederlage. Mädchen, Jungen und Väter entdecken gemeinsame Ballspiele zu regelmäßigen Terminen, zum Beispiel unter dem Motto »Papa, lass uns Ball spielen«, Freitagnachmittag 15:30 Uhr. Dabei erleben die Kinder, dass sie den Vätern durchaus ebenbürtig sein können; gegebenenfalls werden Väter zum Ausgleich in ihrer Beweglichkeit etwas eingeschränkt.

Ablauf

Kinder üben sich in diversen Ballspielen.[3] Alle in Frage kommenden Ballspiele, auch Fußball, werden mit Mädchen *und* Jungen, mit Interessierten beider Geschlechter geübt.

Um Chancengleichheit und Freude am Spiel zu wahren, befolgen Väter bestimmte Spielregeln. Sie erhalten dazu beispielsweise ein

---

[3] Vergleiche Spielesammlung in Verlinden/Haucke: »Einander annehmen« (→ Literaturverzeichnis)

»Handicap«, eine leichte Begrenzung, um ihre Erfahrung, Schnelligkeit und Vorteile gegenüber Kindern einzuengen:
- Beim Fußball werden je zwei Väter an einem Bein zusammengebunden, so dass sie »Dreibeinfußball« mit den Kindern spielen.
- Das Tor der Väter ist erheblich größer als das der Kinder.
- Die Anzahl der Väter ist viel kleiner.
- In der Halle spielen die Väter sitzend Fußball, während die Kinder laufen dürfen.

Verabredete Begrenzungen sollten den Kindern und Vätern als »Fairness« einleuchten. Kinder erhalten so ihrerseits die Chance, Vätern im Spiel »Punkte abzuringen«.

Auf das Spiel folgt eine Pause mit Erfrischungen, während der Väter und Kinder Erlebnisse austauschen, Bilder malen oder andere Dokumente (Fotos, Dias, Video) erstellen.

Varianten

- Ein Tor oder ein Punkt der Kinder zählt doppelt.
- Die Art des Balls oder die Anzahl der Bälle werden variiert, mal wird ein weicher mal ein großer, mal mehrere Bälle gleichzeitig ins Spiel gebracht.
- Beim Völkerball werfen Väter nur mit einem Luftballon, während Kinder mehrere Softbälle benutzen.
- Väter berichten den Kindern von eigenen Ballspielerlebnissen ihrer Kindheit.

4.6 Aktionen zum Abschluss der Kindergartenzeit

Der Abschluss der Kindergartenzeit leitet einen neuen Übergang im Familienleben ein. Das Kind kommt in die Schule. Mit besonderen Spielaktionen bei der Entlassfeier und mit Urkunden und Briefen der Väter an die Kinder, können alle Beteiligten diesen Übergang bewusst miterleben und die Kinder bei Abschluss und Neuanfang unterstützen.

4.6.1 Spielaktion: Kinder, rettet die Väter!

Bereits Kinder spüren, dass sie ihren Eltern, insbesondere Vätern, mutig beistehen können, selbst wenn die Hilfe spielerisch entsteht. Im erlebnisreichen Waldgelände begegnen Kinder diesmal einigen nicht alltäglichen Grenzen ihrer Väter (vgl. Anke Oskamp, 2002).

Ablauf

- Den Kindern wird eine phantasievolle Geschichte vom »ängstlichen Zauberer Wirbelwind« erzählt, der im nahen Wald bzw. Park lebt (→ folgende Seiten). Damit wird vorbereitet, dass Väter versuchen, den Wald für die Kinder als Spiel- und Erfahrungsraum zu schützen.
- Die Väter stoßen jedoch auf unerwartete Hindernisse und Aufgaben, welche ohne Hilfe der Kinder kaum zu bewältigen sind.
- Die Kinder erhalten ihrerseits die Chance, den Wald gemeinsam zu erkunden, die Väter zu suchen und ihnen vielseitig beizustehen. Als Gruppe erleben und überwinden die Kinder angemessene Schwierigkeiten.
- Nach dem Erfolg tauschen Väter und Kinder ihre Erlebnisse untereinander aus, zum Beispiel in Bildern und Berichten.

Varianten

- Väter werden im Wald verzaubert, kleben an Bäumen fest und können nur frei kommen, wenn sie Aufgaben der Kinder lösen, z.B. eine bestimmte Bewegung, eine anspruchsvolle Grimasse machen, ein Lied singen oder einen Zauberspruch aufsagen.
- Gezielt lassen sich zuvor eingeweihte Väter aus glaubwürdigen »Schwierigkeiten« befreien, um ihre oft überschätzte Aura der Unnahbarkeit oder Heldenhaftigkeit zu relativieren:
  - Sie haben sich verirrt.
  - Sie können ein bestimmtes Ziel nicht finden.
  - Sie haben etwas Wertvolles verloren.
  - Sie sollen Kinder suchen, die sich versteckt haben.
- In »Schwierigkeiten« geratene Väter werden gemeinsam von Kindern und Fachkräften gerettet.

Vom ängstlichen Zauberer Wirbelwind

Das Angebot »Kinder, rettet die Väter!« kann mit der phantasievollen Geschichte vom ängstlichen Zauberer Wirbelwind zu einem vergnüglichen und eindrucksvollen Erlebnis für Kinder und Väter werden. Für die erfolgreiche Umsetzung der Geschichte sind die Merkmale des jeweiligen Kindergartens und des zur Verfügung stehenden Waldes ausschlaggebend. Zu berücksichtigen sind neben den räumlichen, personellen und organisatorischen Bedingungen auch die sozial-emotionalen Entwicklungsphasen der Kinder und das individuelle Gespür der beteiligten Erzieherinnen und Väter.

Von einem vortragserfahrenen Vater wird in ruhiger Atmosphäre die untenstehende Geschichte vorgetragen. Um sie bildhaft und angstfrei zu gestalten, kann es hilfreich sein, eine passende Handpuppe für die Zentralfigur, den Zauberer Wirbelwind zu haben. Die Kinder werden Fragen stellen und ihre Ängste, Ideen und Vorschläge in Bezug auf die Geschichte äußern.

Phase 1: Wie der ängstliche Zauberer Wirbelwind in unseren Wald kam

Es war einmal vor vielen, vielen Jahren, als hier noch nicht so viele Straßen und Autos waren, da kam plötzlich ein Zauberer in diesen Wald, man sah ihn zum ersten Mal am 1. Mai 1950.

Zu Beginn der Geschichte können die Kinder vermehrt Orientierungsfragen stellen. Es ist wichtig, diese einerseits mit entsprechender Sensibilität, andererseits mit hinreichender Zügigkeit für den Kern der Geschichte zu beantworten.

Der Zauberer hieß Wirbelwind. Er trug einen lustigen spitzen schwarzen Hut, woran man fast immer die guten Zauberer erkennen kann. Wirbelwind war klitzeklein, so klein wie ein Kinderfuß. Und seit über hundert Jahren hatte er friedlich in den Wäldern am Rhein, bei Köln, gewohnt.

Ausgewählt wird eine bekannte Region im vertrauten Umfeld der Kinder.

Dort musste Wirbelwind unter anderem darauf achten, dass niemand zu viele Fische aus dem Rhein angelte. Wenn jemand zu viel angelte, zauberte er ihm die Fische weg und stattdessen alte Socken und alte Schuhe in sein Fangnetz oder an seine Angel.

> Der Zauberer wird geschildert als gerechtes, liebevolles Wesen mit Sinn für eine gesunde Umwelt.

Doch Wirbelwind musste ganz schnell vom Rhein wegziehen, weil es dort ein riesiges Hochwasser gegeben hatte, fast alles stand dort unter Wasser. Und bei sehr heftigem Regen war der Rhein immer breiter und höher geworden und das Wasser hatte beinahe jeden Baum und Strauch überschwemmt. Und der Rhein hatte dem Wirbelwind mitten im Schlaf fast alle seine Zaubersachen weggeschwemmt.

> Grund des Umzuges kann ein anderer ökologischer oder ökonomischer Anlass sein, z.B. Bautätigkeit oder Verkehrszunahme.

Und an all dem konnte Wirbelwind nichts mehr ändern. Da die anderen Wälder ringsherum schon von anderen Zauberern, Feen und seltsamen Wesen besetzt waren, musste Wirbelwind hierher in unseren Wald ziehen.

> Kennen die Kinder noch andere Zauberer und Hexengestalten?

Hier fand der kleine, von den Strapazen des Hochwassers verängstigte Wirbelwind ein friedliches Plätzchen. Und er ist froh, nach all den Aufregungen endlich seine Ruhe zu haben und nicht gestört zu werden. Er will für immer hier im Wald bleiben und sich eine Hütte bauen und Zauberkräuter sammeln.

> An dieser Stelle soll den Kindern das Motiv der späteren Handlungen des Zauberers deutlich werden. Der Zauberer handelt nicht etwa aus Bosheit, sondern weil er klein und verschreckt ist und große Angst hat, jemand könne ihm seine neu gewonnene Heimat und Hoffnung nehmen.

Wer den Wirbelwind jetzt in seinem Frieden stört, wird von ihm verjagt. Das macht er durch starke Wirbelwinde, die jeden durch die Luft aus dem Wald heraus wirbeln. Auch die Kinder dürfen deshalb nicht mehr so wie bisher spielen und herumtoben.

Deshalb haben einige mutige Väter von euch nun beschlossen, mit dem Zauberer ein ernstes Wörtchen zu reden. Er soll die Kinder wie in alten Zeiten wieder im Wald spielen lassen. Besonders, wo heute hier euer Abschiedsfest stattfindet und ihr, die ihr doch in diesem Sommer in die Schule kommt, ungestört spielen wollt.

Die Väter erscheinen als heroische und mutige Helden, die sich entschlossen der Begegnung mit dem Zauberer stellen. Dies bedarf der entsprechenden Ernsthaftigkeit im Vortrag.

Phase 2: Die verschwundenen Väter

Einige Zeit nachdem die Väter aufgebrochen und nicht zurückgekehrt sind...

Jetzt sind die Väter in den Wald gegangen und noch nicht zurückgekehrt. Was machen wir nun?

An dieser Stelle wird den Kindern Besorgnis um die Väter vermittelt, die eventuell Hilfe bräuchten. Dies könnte einige Kinder verängstigen. Es ist die Aufgabe der Erzieherin, diese Angst aufzufangen und den Kindern jenen Rückhalt zu bieten, den sie brauchen, um Perspektiven für eine Lösung zu entwickeln.

Die Kinder erhalten schließlich durch einen zurückkehrenden Vater Hinweise auf die Lösung: Er bringt ein großes Seil und einen Brief vom Zauberer an die Kinder mit. Der Rückkehrer berichtet:

Der ängstliche Zauberer Wirbelwind hat gedacht: »Diese großen Erwachsenen wollen mich fangen und aus meinem neuen Wald vertreiben.«

Er hat vor lauter Angst die Erwachsenen kurzerhand mit einem Zauberspruch verzaubert. Da hat er schnell seinen Zauberstaub genommen und gesagt: »Stumm klebt an der Rinde, erlöst nur von dem Kinde!«

Und Wirbelwind hat so die Väter, die doch nur mit ihm reden wollten, stumm gemacht und zu zweit an den nächstbesten Baum festgeklebt. Und dann hat er den wartenden Kindern einen Brief geschrieben.

Dieser Brief soll eine beeindruckende, dramatische Spannung und Herausforderung für die Kinder schaffen, der sie jedoch gewachsen sein dürften. Der zurückgekehrte Vater liest den Brief vor:

Phase 3: Brief vom Zauberer Wirbelwind

Liebe Kinder!

Ihr habt mir einen Riesen-Schreck eingejagt. Ich weiß, dass die Väter noch im Wald sind. Das habe ich so gewollt.

Zuerst dachte ich, diese Männer wollen mich fangen und aus meinem neuen Wald vertreiben. Und deshalb habe ich sie kurzerhand mit einem Zauberspruch verzaubert.

Jetzt sind sie erst mal stumm und kleben an den Bäumen fest. Aber ihr könnt ihnen helfen!

Um sie zu befreien müsst ihr vier Dinge tun:
- *1. Denkt euch gemeinsam einen <u>Zauberspruch</u> aus, um die Väter frei zu zaubern.*
- *2. Haltet euch an diesem <u>Zauberseil</u> fest und geht in den Wald – keiner darf das Zauberseil loslassen.*
- *3. <u>Befreit</u> einen Vater nach dem anderen mit eurem Zauberspruch.*
- *4. Und dann baut ihr im Wald zusammen mit euren Vätern kleine <u>Hütten</u> für mich, in denen ich wohnen kann und sicher bin.*

Wenn ihr das schafft, dann freue ich mich. Ich, der kleine Zauberer Wirbelwind, fühle mich dann geborgen und muss niemanden mehr aus Angst verzaubern.

Ich bin sehr zuversichtlich, dass euch das gelingen wird.

Euer ängstlicher Zauberer Wirbelwind

Phase 4: Rettung der Väter

Wenn ihr nicht selbst an den Bäumen festkleben wollt, dann benutzt dieses *Zauberseil*. Es schützt euch vor der klebrigen Rinde der Bäume und auch vor den Wirbelwinden des ängstlichen Zauberers Wirbelwind. Haltet euch immer an diesem Zauberseil fest und euch kann nichts passieren. Selbst wenn ihr einen an der Rinde klebenden Vater gefunden habt, sollt ihr das schützende Zauberseil festhalten. Das Zauberseil bietet auch euren Vätern Schutz. Habt ihr sie gerettet, so halten sie sich mit euch an diesem Seil fest. Und dann gelangt ihr alle sicher durch den Wald. Sucht, bis ihr alle Väter gefunden habt.

Hier wird den Kindern der genaue Ablauf der Rettungsaktion erläutert. Ablauf und Erfolg der Aktion werden an dieser Stelle entschieden. Es ist wichtig, dass jedes Kind genau weiß, welche Sicherheiten es während der Aktion hat und welche Regeln es dafür beachten muss.

Und jetzt lauscht mal, ob ihr die Väter hören könnt. Vielleicht machen Sie euch kleine, leise Zeichen, damit ihr sie finden und befreien könnt. Aber seid bei der Befreiung vorsichtig.

Phase 5: Hüttenbau und Gespräch

Die geretteten Väter bauen mit den Kindern aus Stöckchen, Moos, Blättern und Steinen kleine fantasievolle Schutzhütten für den Zauberer Wirbelwind. Durch sie soll sich Wirbelwind in seiner neuen Umgebung sicherer, willkommen und freundlich aufgenommen fühlen. So braucht er nicht mehr ängstlich zu sein und wird künftig niemanden mehr aus Angst verzaubern.

Die Größe der Hütten ist von den Kindern beliebig wählbar. Ihr Bau bietet Gelegenheit zur Versöhnung mit dem kleinen Zauberer und für ein Gespräch zwischen Vater und Kind. Abhängig von der Stimmung in der Gruppe ist zu entscheiden, ob ein weiterer Erlebnisaustausch in kleiner oder in großer Runde vollzogen wird. Ein gemeinsames Lagerfeuer oder Grillen kann die Aktion abrunden.

4.6.2 Väter-Briefe an die Kinder zum Ende der Kindergartenphase

Väter schreiben den Kindergartenkindern zum Abschluss der Kindergartenzeit einige anerkennende Zeilen. Dieses Dokument positiver Anerkennung wird den Kindern etwa zur Mitte des ersten Schuljahres zugesandt. Zu dem Zeitpunkt kann den Erstklässlern eine ausdrückliche Rückenstärkung durch die Väter viel bedeuten.

Ablauf

Bei einer Abschiedsfeier für die Kinder, die in die Grundschule wechseln, oder bei einer ähnlichen Gelegenheit, werden insbesondere die Väter aufgefordert, an vorbereiteten Tischen einen Brief an ihr Kind zu schreiben. Der Brief kommt in einen verschlossenen, an das Kind adressierten Umschlag. Nach etwa 6 Monaten wird er dem Kind zugeschickt. Der Anfang des Briefes kann vorgegeben werden:

> *Mein liebes Kind,*
>
> *du beendest nun deine Kindergartenzeit. Und ich möchte hier für dich festhalten, weshalb ich heute und in der letzten Zeit besonders stolz auf dich bin: ...*
>
> *Dein Papa*

Mit den Vätern kann vorher besprochen werden, welche Bedeutung die Kindergartenzeit und der Übergang in die Grundschule für die Kinder haben, was sie entdeckten, wie sie sich fühlten und wie Kinder miteinander auszukommen lernten und dass dies besondere Anerkennung für die Kinder verdient.

Varianten

- Die Mütter schreiben ebenfalls einen solchen Brief an ihr Kind.
- Je zwei Erwachsene, die das Kind kennen, schreiben den Brief gemeinsam.

- Eltern basteln dem Kind eine Schultüte, in die ein solcher Brief hineinkommt.
- Nach einem halben Jahr findet ein offizielles Wiedersehensfest der Schulkinder, Eltern und Erzieherinnen im Kindergarten statt. Die Kinder erhalten dann den Brief.
- Eltern verfassen in der Elternzeitung einen Brief an alle schulreifen Kinder.
- Andere Brief-Themen: »Ein lustiges Erlebnis mit dir!«, »Was ich im ersten Schuljahr gern mit dir tun möchte!«, »Was ich dir für das erste Schuljahr wünsche!«
- Väter werden mit einer Videokamera zur Frage interviewt: »Was meinem Kind im Kindergarten Freude gemacht hat...«

4.6.3 Urkunde und Kurzbericht zum Kindergarten-Abschluss

Viele Kinder empfinden den Abschluss des Kindergartens als besondere »Krönung«. Immerhin haben einige bis zu drei Jahre ihres Lebens dort gelernt. Gemäß dem eigenständigen Bildungsauftrag des Kindergartens nutzt das Team ein Abschlussfest als Gelegenheit, den einzelnen, in die Schule kommenden Kindern deutliche Anerkennung auszusprechen. Die Mütter und Väter sowie andere Besucher erfahren zugleich, worauf es dem Kindergartenteam in seiner nahezu dreijährigen Arbeit mit den Kindern ankam und wie die Kinder davon profitiert haben. Ein Teil der Väter kommt vielleicht nur aus diesem Anlass erstmals in die Einrichtung; die Kinder dieser Väter erleben diese, aus welchen Gründen auch immer entstandene Ausnahme besonders tief.

Eine »Kindergarten-Abschluss-Urkunde« oder ein »Diplom« für das Kind drückt Anerkennung aus für seine immensen sozialen, emotionalen und kreativen Fortschritte im Kindergarten.

Ablauf

Für jedes schulpflichtige Kind verfasst die Gruppenleiterin oder die mit dem Kind besonders vertraute Fachkraft einen kurzen Bericht. Dieser soll anschaulich und aufbauend sein, charakteristische Kompetenzen und Anekdoten des Kindes enthalten. Soziale, emotionale und musische Aspekte werden ebenso aufgegriffen wie andere Geschicklichkeiten und typische Merkmale. Antworten auf folgende Beispielfragen könnten im Kurzbericht auftauchen:

- Wie entwickelte sich das Kind im Laufe der Zeit?
- Wie änderte sich sein Umgang mit anderen?
- Wodurch gewann es besonderes Selbstvertrauen, Geschick, Freunde?
- Woran entdeckte es besondere Freuden und Vorlieben?
- Welchen Ruf genießt es bei anderen Kindern?
- Wo liegen besondere Interessen, die im Kindergarten zum Ausdruck kamen?
- Was konnte das Kind in seiner Kindergartenzeit über sich selbst erfahren?
- Welche guten Wünsche werden ihm von der Erzieherin für die Grundschule mit auf den Weg gegeben?

Jedes Kind wird in einer Ansprache mit einer besonderen Stelle aus dem Kurzbericht erwähnt. Danach wird ihm der Bericht überreicht.

Varianten

- Die Berichte sind als kurze Reime oder einfache Rätsel formuliert.
- Der Text steht auf einem besonders schönen Papier, das die Kinder vor aller Augen erhalten, evtl. mit einem kleinen Geschenk jüngerer Kinder (z.B. Schultüte, Foto).
- Väter und Mütter, die während der Kindergartenzeit besondere Aufgaben übernommen und gelöst haben, erhalten öffentliche Anerkennung oder/und Auszeichnungen.
- Väter und Mütter entwerfen im Gegenzug einen Kurzbericht über das Team.

4.7 Väterarbeit weiterentwickeln

Um die Väterarbeit im Kindergarten kontinuierlich weiterzuentwickeln, bedarf es der Einigung über teaminterne Schwerpunktsetzungen und der Nutzung externer Bildungsangebote. Gezielt werden außerdem die Wünsche und Erwartungen der Väter ermittelt und in das Konzept der eigenen Väterarbeit eingebaut. Dabei erarbeiten Fachkräfte immer wieder einen Konsens, den sie mit dem Bedarf der Väter vergleichen. Dies führt an Fundamente einer gelingenden Väterarbeit, die dem Wohl des Kindes und der Familie verpflichtet ist (→ Kap. 3.1).

4.7.1 Fachgespräche zum Thema »Väter«

Nur wenige Fachkräfte sind sich ihrer Einschätzung und Haltung gegenüber Vätern sicher. Um ihre Zusammenarbeit mit Vätern ausbauen zu können, setzen Fachkräfte das Thema auf die Tagesordnung von Fachgesprächen mit ihren Kolleginnen und ihrer zuständigen Fachberaterin.

Ablauf

Themen eines solchen Fachgesprächs können lauten:
- Was weiß ich überhaupt von den Vätern der Kinder?
- Worüber habe ich mich zuletzt intensiv mit einem dieser Väter unterhalten?
- Welche Berufe haben die Väter? Wie sehr sind sie in der Familie beteiligt?
- Wann waren Väter kommender Schulkinder zum letzten Mal im Kindergarten?
- Welche Beziehung haben insbesondere die Väter der Neulinge zu ihren Kindern?
- Wie und wo kann sich ein getrennt lebender Vater im Kindergarten beteiligen?

Solche Fragen sollen der Fachkraft helfen, die eigene Haltung zu prüfen und die Lebenssituation der Väter und die Erziehungssituation der Kinder zu begreifen.

Varianten

- Wie in einem Interview befragen sich Fachkräfte gegenseitig zu einzelnen Vätergruppen.
- Fachkräfte diskutieren mit anderen Teams Themen zu »Väter im Kindergarten«.

- Fachkräfte besprechen das Thema »Väter im Kindergarten« mit der Fachberatung oder mit Fachkräften der Familienbildung und Familienberatung ihres Träger-Verbandes oder Gemeinwesens.

4.7.2 Wünsche der Väter ermitteln

Väter nutzen die Möglichkeit, positive Erwartungen an die Einrichtung festzuhalten. Erzieherinnen entwickeln daran ihre Väterarbeit weiter.

Ablauf

Statt eines »Kummerkastens«, der nur Elternkritik aufnimmt, liegt eine handliche kleine Wünsche-Kladde für Väter aus. Im DIN A5 Format, mit ansprechendem Äußeren, liegt sie an einem Ort in Nähe des Eingangs im Sichtfeld für eilige Väter. Ein Etikett auf dem Einband, ein hübsches Poster und folgender Aufruf weisen darauf hin:

> *Lieber Vater,*
>
> *hier haben Sie und andere männliche Bezugspersonen der Kinder, wie Opa, Onkel oder Lebensgefährte der Mutter einen besonderen Platz.*
>
> *Hier können Sie Ihre Wünsche und Hoffnungen an das Kindergartenteam festhalten.*
>
> *Was erhoffen Sie sich von den Angeboten und der Arbeit der Mitarbeiterinnen, von Kindern, Eltern und anderen Nutzern?*
>
> *Wir werden uns bemühen, Ihren realistischen Wünschen entgegenzukommen.*
>
> *Ihr Kindergartenteam*

Leiterin und Stellvertreterin übernehmen abwechselnd die Patenschaft für die Kladde, auf die sie regelmäßig hinweisen und deren Inhalt sie in Teamgespräche einbringen.

Varianten

- Wo sich Gelegenheiten bieten, werden Väter auf die Kladde aufmerksam gemacht, zum Beispiel bei Aufnahme des Kindes, Elternversammlung, Feiern, Väterfrühstück, wenn ein Vater sein Kind bringt...
- Einmal im Jahr werden die interessantesten Wünsche und ihre Umsetzung im Kindergarten veröffentlicht, entweder als Plakat oder/und in der Elternzeitung.
- Ein »Vätervertreter« betreut die Väterkladde, wirbt für sie, wertet sie aus. Dazu ändert er den Text unter Umständen in Richtung »Väter-Wünsche an den Elternrat bzw. an den Vätervertreter...«
- Väter halten in der zweiten Hälfte der Kladde fest, was ihnen im Kindergarten gefallen hat, das ist die »Anerkennungs-Abteilung« der Kladde.
- Väter pflegen einen Teil der Website des Kindergartens (Forum, Chatroom), für die Väter auch von zu Hause aus Beiträge liefern können.
- Je nach Einzugsgebiet des Kindergartens können andere, weniger schriftorientierte Formen der Bedarfsermittlung sinnvoller sein, beispielsweise persönliche Nachfrage im Gespräch oder Umfragen mit kurzen Fragebögen.

Anhang

Internethinweise

Mittlerweile gibt es eine nahezu unüberschaubare Anzahl von Adressen im Internet, unter denen sich **Väterthemen** finden lassen. An dieser Stelle soll nur eine kleine Auswahl von ihnen wiedergegeben werden, Adressen, die sich vorwiegend an erziehungsinteressierte Väter und Fachkräfte wenden.

Die Linkliste ist weder eine erschöpfende Empfehlung noch eine Rangreihe. Sie enthält eine Sammlung mit Schwerpunkt auf bundesweiten Links. Die Inhalte, vor allem auf den erwähnten Internet-Seiten, verantworten deren Verfasser. Die dortigen Meinungen und Positionen sind mitunter widersprüchlich.

Wer künftig in die alphabetische Liste aufgenommen werden möchte, kann sich an den Herausgeber Martin Verlinden wenden, E-Mail: verlinden@spi.nrw.de – Stand September 2004.

www.arbeitskreis-neue-erziehung.de/ Arbeitskreis Neue Erziehung e.V., Herausgeber von ausführlichen Elternbriefen.

www.bke.de/eb.htm Erziehungs- und Familienberatungsstellen (bundesweite Liste).

www.bundesverband-erlebnispaedagogik.de/ Bundesverband Erlebnispädagogik.

www.deutscher-familienverband.de Deutscher Familienverband, Selbstvertretung engagierter Familien.

www.familienhandbuch.de Ein Online-Familienhandbuch.

www.kindergartenpaedagogik.de Online-Themen der Kindergartenpädagogik.

www.maenner-online.de/ »Männerarbeit«, bundeszentrale Homepage der kath. und ev. kirchlichen Männerarbeit.

www.maennerrat.de/ »Männerrat«, der etwas andere Informationsdienst für Männer – Frauen und Geschlechterfragen.

www.maennerseelsorge-koeln.de/ »Männerseelsorge«, in den jeweiligen Landeskirchen und Bistümern sind Referate für Männerseelsorge ansprechbar, so wie im Erzbistum Köln.

www.mannlinker.de/index.htm »MannLinker«, Linkliste zur Männer- und Jungenfrage, die in Deutschland veröffentlicht werden.

www.pappa.com/ »paPPa.com«, Eltern im Internet; sehr umfangreich mit Väter-Linkliste.

www.paps.de/ »Paps – Die Welt der Väter«, Zeitschrift erscheint viermal im Jahr.

www.profamilia-online.de/ Pro Familia, Familienberatung, Familien-Planung, -Aufklärung.

www.ruendal.de/aim/gender.html AIM GENDER, Arbeitskreis für interdisziplinäre Männer- und Geschlechterforschung – Kultur-, Geschichts- und Sozialwissenschaften.

www.switchboard-online.de »Switchboard. Zeitschrift für Männer und Jungenarbeit«, Infomagazin erscheint zweimonatlich.

www.vaeter.de ein neues bundesweites Netzwerk für Väter-Experten, das 2002 entstanden ist.

www.vaeterzentrum-hamburg.de Hamburger Internetseite, wo sich viele andere Väterzentren (www.vaeter.de) finden.

www.vamv-bundesverband.de/ Verband alleinerziehender Mütter und Väter e.V. (VAMV), vielfältige Informationen und Hilfen für Alleinerziehende; Bundesverband.

Beispiele für Ministerien und Behörden

www.bmfsfj.de/ Bundesfamilienministerium

www.bzga.de Bundeszentrale für gesundheitliche Aufklärung (BZgA)

www.mgsff.nrw.de/ NRW-Familienministerium

www.bildungsserver.de/ Deutscher Bildungsserver, rund um Themen der Bildung und Schule mit weiterführenden Links für Eltern und für NRW www.learn-line.nrw.de/

www.tageseinrichtungen.nrw.de Informationen rund um die Kindertageseinrichtungen in NRW

Literatur

Beck, Ulrich; Beck-Gernsheim, Elisabeth (1990). Das ganz normale Chaos der Liebe. Frankfurt/Main.
Bowlby, John (2001). Frühe Bindung und kindliche Entwicklung. (4., neugestaltete Aufl.). Mit einem Vorwort von Manfred Endres und einem Beitrag von Mary D. Salter Ainsworth. München; Basel.
Brazelton, Thomas B.; Cramer, Bertrand G. (1994). Die frühe Bindung. Die erste Beziehung zwischen dem Baby und seinen Eltern. Stuttgart.
Bronfenbrenner, Urie (1981). Die Ökologie der menschlichen Entwicklung. Stuttgart.
Bullinger, Hermann: Väterarbeit; in: Bullinger, Herman; Brandes, Holger (Hg.) (1996). Handbuch Männerarbeit. Weinheim.
Bundesministerium für Familie, Senioren, Frauen und Jugend – BMFSFJ (Hg.) (2000). Kinder- und Jugendhilfe. Achtes Buch Sozialgesetzbuch. (10. Aufl.). Berlin.
BMFSFJ (Hg.) gemeinsam mit »Mehr Zeit für Kinder e. V.«. (2002). Papa und ich. Frankfurt a. M.
Czyborski, Anke (2002). Mehr Väter in den Kindergarten. Zum Aufbau sozialpädagogischer Angebote für die Zusammenarbeit mit Vätern in Kindergarten und Kindertagesstätte. Unveröff. Diplomarbeit an der Uni Köln.
Fthenakis, Wassilios E. (1985). Väter. Zur Psychologie der Vater-Kind-Beziehung. Bd. 1. München.
Fthenakis, Wassilios E. (1999). Engagierte Vaterschaft. Die sanfte Revolution in der Familie. Opladen.
Gesterkamp, Thomas (2002). Gutesleben.de. Die neue Balance von Arbeit und Liebe. Stuttgart.
Heuwinkel, Dirk (1999). Gesellschaftliche Zukunftstrends und Anforderungen an familienbezogene Dienste im Lebensraum; in: Landesinstitut für Schule und Weiterbildung (Hrsg.): Familien-

bildung 2010. Orientierungsrahmen für die Weiterentwicklung familienbezogener Dienste (S. 20-42). Bönen.

Le Camus, Jean (2001). Väter. Weinheim, Basel.

Matzner, Michael (1998). Vaterschaft heute. Klischees und soziale Wirklichkeit. Frankfurt/Main, New York.

Militzer, Renate; Demandewitz, Helga; Solbach, Regina (1999). Tausend Situationen und mehr! Die Tageseinrichtung – ein Lebens- und Erfahrungsraum für Kinder. Münster.

Gesterkamp, Thomas; Nessbach – Agentur f. Kommunikation; Verlinden, Martin (2003). Väter in Bewegung. Aspekte der neuen Vätergeneration. In: Ministerium für Gesundheit, Soziales, Frauen und Familie NRW (Hrsg.). Düsseldorf.

Moskal, Erna; Foerster, Sibrand (1999). Gesetz über Tageseinrichtungen für Kinder in Nordrhein-Westfalen. Kommentar (17. überarb. und erw. Aufl.). Köln.

Nickel, Horst u.a. (1995). »Veränderung der partnerschaftlichen Zufriedenheit während des Übergangs zur Elternschaft – Kulturvergleichende Untersuchung in vier Ländern«, 'Psychol., Erz., Unterr.' Heft 1, 44. Jg., S. 40-53, München.

Oskamp, Anke (2002). Kinder retten Väter – Väter retten Kinder. Ein erlebnisorientiertes Vater-Kind-Angebot im Kindergarten, unveröff. Diplomarbeit an der Uni Köln.

Richter, Robert; Verlinden, Martin (2000). Vom Mann zum Vater. Praxismaterialien für die Bildungsarbeit mit Vätern. Münster.

Roentgen, Markus (2002). 52 Wochen ein ganzer Mann. Woraus, wovon und woraufhin leben Männer heute? Münster.

Strätz, Rainer; Gloth, Vera; Piefel, Gisela; Werthebach, Christina (2000). Eine gemeinsame Aufgabe von Schule und Praxis. Ausbildung von Erzieherinnen und Erziehern. Münster.

Verlinden, Martin; Haucke, Karl (1995). Einander annehmen – Soziale Beziehungen im Kindergarten, Ziele und Anregungen für Erzieher. Hrsg. Sozialpädagogisches Institut NRW (3. Aufl.). Köln.

Verlinden, Martin (1995). Mädchen und Jungen im Kindergarten. Hrsg. Sozialpädagogisches Institut NRW. Köln.

Verlinden, Martin (1999). Väter in Tageseinrichtungen. Möglichkeiten der Zusammenarbeit mit Vätern. In: KiTa aktuell NRW, 4/2000, S. 89-94.

Verlinden, Martin; Hospelt, Walter; Wessel, Katrin; Kerrut, Julia (2000). Chancen für Familien, wenn ihre Kindertageseinrichtung

sich vernetzt, Vernetzung als lebensweltorientierte Partizipation von Eltern, in KiTa aktuell NW 2/2000, S. 30-33.
Verlinden, Martin (2001). Zur besonderen Rolle von Vätern bei der Erziehung von Mädchen und Jungen im Kindergarten. In: KiTa spezial, Sonderheft: Typisch Jungen – typisch Mädchen?! Geschlechtsbewusste Erziehung in Kindertageseinrichtungen. 2/2001, S. 32-35.
Verlinden, Martin; Czyborski, Anke (2002). Wo sind die Väter im Kindergarten? Ergebnisse einer Pilotbefragung zum Unterschied zwischen Müttern und Vätern aus Sicht der Erzieherinnen. In KiTa aktuell NW 10/2002, S. 207-210
Verlinden, Martin (2003). Erziehungskompetenz in Familien fördern – ein Schlüssel zur Zukunft. Analyse und Forderungen zur Familien- und Elternbildung. In: Bundesministerium für Familie, Senioren, Frauen und Jugend (Hg.): »Mehr Chancen für Kinder und Jugendliche. Stand und Perspektiven der Jugendhilfe in Deutschland Band 3: Jugendhilfe in der Wissensgesellschaft«. BMFSFJ Bonn 2003, S. 170-185.
Volz, Rainer; Zulehner; Paul M. (1999). Männer im Aufbruch. Wie Deutschlands Männer sich selbst und wie Frauen sie sehen. Ein Forschungsbericht (2.Aufl.). Ostfildern.
Werneck, Harald (1997). Belastungsaspekte und Gratifikationen beim Übergang zur Vaterschaft. In: Psychologie, Erziehung, Unterricht, 4/1997, S. 276 – 288.
Wicki, Werner (1997). Übergänge im Leben der Familie – Veränderungen bewältigen. Bern.

Zeitschriftenartikel zum Thema

Becker, A.: Väter im Kindergarten. Wir bauen ein Windspiel. In: kindergarten heute, Heft 7-8/96, S. 43.
Berthold, E.: Väter – Wochenende. In: klein & groß, Heft 1/95, S. 42.
Brunner, A.; Schoppmann, C.: Nur wir zwei und die Zauberei. Ein Zauberprojekt für Kinder und ihre Väter. In: kindergarten heute, Heft 7-8 /96, S. 10.
Eigenmann, A.: Wenn Papa den Affenbaum erklimmt. Neue Wege der Elternarbeit. In: kinderleicht, Heft 4/98, S. 9.
Eppel, H.; Gries-Ewerlin, S.: Väter gesucht! Teil II – Wie kann man Väter erreichen ? In: KiTa aktuell ND, Heft 4/99, S. 76.

Francescon, Guido: Sagen Sie doch bitte Ihrer Frau Bescheid. Wenn Väter im Kindergarten da und doch nicht da sind. In: »TPS – Theorie und Praxis der Sozialpädagogik«. Heft 4/02.

Fuchs, D.: Offene Türen für Väter. Von der Bedeutung des Männlichen in der Erziehung. In: kindergarten heute, Heft 7-8/96, S.3.

Kiga St. Michael/Titisee-Neustadt: Väter im Kindergarten. Monsterparty. In: kindergarten heute, Heft 7-8/96, S. 44.

Kiga Teisnach: Erfahrungen aus der Praxis: Einbindung der Väter in den Kindergarten. In: Bildung, Erziehung, Betreuung, Heft 1/99, S. 14.

Krichbaum, E.: Mensch Vater. Väterarbeit im Kindergarten – Material zum Elternbrief Nr. 32. In: TPS, Heft 2/98, S. 43.

Mieke, T.: Sag´ mir, wo die Männer sind... In: kiga heute, Heft 2/2001, S. 37.

Poseiner, M.: Männergesellschaft im Kindergarten? Väterabende können ein Anfang sein. In: TPS, Heft 2/94, S. 98.

Schnabel, M.: Es gibt auch Väter! In: Kinderzeit, Heft 2/99, II. Quartal, S. 20.

Schoppmann, C.: Väterarbeit vor Ort. Interview mit Johannes Strohmeier, Mitarbeiter des Informationszentrums für Männerfragen in Frankfurt. In: kindergarten heute, Heft 7-8/96, S. 16.

Stadtmann, A.: Ein etwas anderer Frühschoppen. Sonntagmorgen: Vater-Kind-Treff im Kindergarten. In: kinderleicht, Heft 4/98, S. 12.

Strohmeier, Johannes: Väter in Kindertagesstätten. Online 2003 in www.familienhandbuch.de/cms/kindertagesbetreuung_vater.pdf (download 200KB) oder: www.familienhandbuch.de/cmain/f_Aktuelles/a_Kindertagesbetreuung/s_909.html.

Textor, M.: Väter im Kindergarten. In: Bildung, Erziehung, Betreuung, Heft 1/99, S. 10.

Textor, M.: Männer in der Frauenwelt. Der väterfreundliche Kindergarten. In: »Welt des Kindes« Heft 1/2000, S.15-17.

Verlinden, M.: Einschulung, Elternwunsch und Kindeswohl. Perspektiven einer frühzeitigeren Einschulung. In: KiTa aktuell NW, 1/2000, S. 8-10 (auch zu finden im Online-Handbuch www.kindergartenpaedagogik.de/155.html).

Besonderer Quellen-Hinweis

Meyn-Schwarze, Christian (Hg.): »**Die Papa-Liste**«. Viele interessante Beispiele zum Verständnis von Vatersein finden sich dort. Eine Quelle mit über 250 aktuellen Bücher-Tipps & anderen Medienhinweisen. Für aktive Väter und Großväter, damit die neuen Väter von Anfang an das richtige Buch lesen oder mit ihren Kindern erkunden. Eine reichhaltige Fundgrube mit unterhaltsamen und informativen Büchern für Eltern sowie zahlreichen Papa-bezogenen Bilder- und Kinderbüchern. Alle Titel sind kurz und anregend beschrieben. Die Sammlung wird regelmäßig überarbeitet und ist für 3,00 € inkl. im Postversand oder per E-Mail zu erhalten beim Herausgeber Christian Meyn-Schwarze, Gerresheimer Str. 63, 40721 Hilden, fon/fax 02103-31607.

E-Mail: meynschwarze@compuserve.de

klein&groß
Lebensorte für Kinder

Die Fachzeitschrift für ErzieherInnen in Ausbildung und Praxis, LeiterInnen von Kindergarten, Krippe und Hort sowie anderen Kindertageseinrichtungen und die begleitende Fachszene.

klein&groß ist aktuell, praxisnah, kompetent, informativ, konstruktiv und unterhaltsam und stellt stets aufs Neue spannende Ideen sowie Konzepte und Projekte zu allen Fragen der Bildung, Erziehung und Betreuung von Kindern zwischen 0 und 12 Jahren im In- und Ausland vor.

klein&groß schlägt eine Brücke zwischen Wissenschaft und Praxis, weist frühzeitig auf neue Trends hin und bietet eine Plattform für einen umfassenden Meinungsaustausch.

klein&groß zeigt berufliche Chancen auf und weckt auf charmante Art und Weise die Freude an Kunst, Literatur und Musik.

klein&groß verfolgt einen ganzheitlichen Ansatz und stellt den Menschen – ob im privaten oder beruflichen Alltag – in den Mittelpunkt.

Erscheinungsweise: 10x jährlich. Bei den Ausgaben Februar/März und Juli/August handelt es sich um Doppelhefte.

Einzelheft: € 4,30 (zzgl. Versandkosten)
Jahresabonnement: € 34,80
Sonderpreis für Studenten, Auszubildende und während des Erziehungsurlaubs gegen entsprechenden Nachweis: € 22,50 (zzgl. Versandkosten)
Kennenlern-Abonnement:
3 Hefte € 8,– (portofrei)

Unsere Anschrift:
Beltz Medien Service,
Postfach 1180, 69469 Hemsbach
Tel.: 06201/703-200
Fax: 06201/703-201
E-Mail: medienservice@beltz.de

www.beltz.de
www.kleinundgross.de

BELTZ